Matthew Sleeth

BÄUME

die vom Leben erzählen

Was sie uns verraten über Gott
und seine Liebe zu uns

Matthew Sleeth, einst Notarzt und Chef des medizinischen Personals in einem Krankenhaus, gab seine Stelle auf, um sich für das Thema „Glaube und Umwelt“ zu engagieren. Heute ist er Geschäftsführer der Organisation *Blessed Earth,* einer Organisation, die sich für einen verantwortungsvollen Umgang mit der Schöpfung einsetzt (*www.blessedearth.org*), und ein gefragter Redner sowie Autor zahlreicher Artikel und Bücher. Er lebt mit seiner Frau Nancy in Lexington im US-Bundesstaat Kentucky.

Matthew Sleeth

BÄUME
die vom Leben erzählen

Was sie uns verraten über Gott
und seine Liebe zu uns

Aus dem Englischen übersetzt
von Jokim Schnöbbe

Brendow

Für Bill und Carol Latimer,
die ein Vermächtnis gepflanzt haben;
für unsere Kinder und Enkel,
für die wir Bäume pflanzen müssen;
und für den, der alle Bäume gepflanzt hat.
Soli Deo gloria.

INHALT

Jeder Baum hat seinen Feind,
nur wenige haben einen Anwalt.

J. R. R. Tolkien

TEIL I

DEN BODEN VORBEREITEN

„Gott, der Herr, brachte den Menschen
in den Garten von Eden.

Er gab ihm die Aufgabe, den Garten
zu bearbeiten und ihn zu bewahren.
Dann schärfte er ihm ein:

‚Von allen Bäumen im Garten darfst du essen, nur nicht von dem Baum, der dich
Gut und Böse erkennen lässt. Sobald du
davon isst, musst du sterben!'"

1. Mose 2,15-17

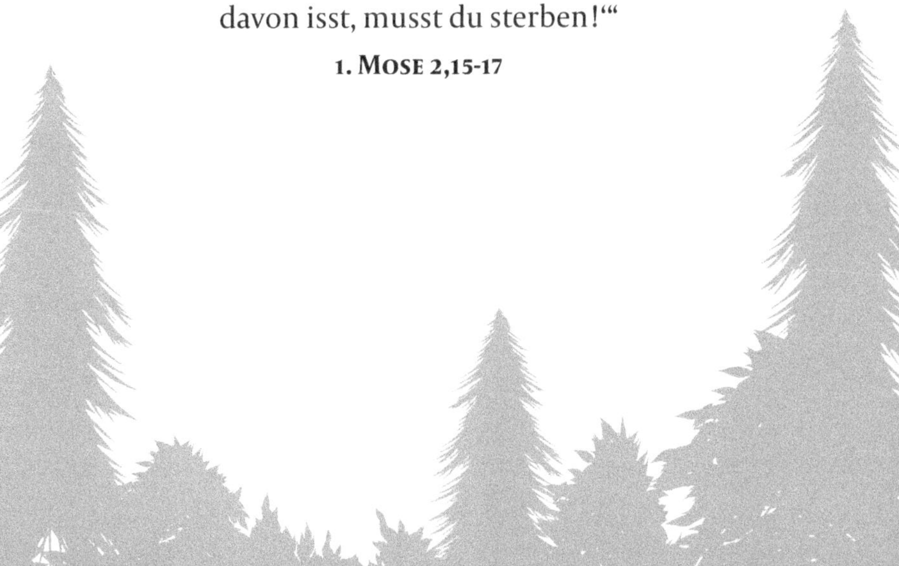

1

WAS BÄUME UNS ZU SAGEN HABEN

„Er ist wie ein Baum, der nah am Wasser
gepflanzt ist, der Frucht trägt Jahr für Jahr
und dessen Blätter nie verwelken.
Was er sich vornimmt, das gelingt."

Psalm 1,3

Ich mag Bäume. Das war schon immer so. Niemand hat mir gesagt, dass ich sie mögen soll. Ich tue es einfach. Ich schaue sie mir gerne an. Ich sitze gerne in ihrem Schatten. Ich lausche gerne dem Rascheln ihrer Blätter im Wind. Aber was haben Bäume uns zu sagen? Konkreter, was wissen sie über Gott und seine Liebe zu uns Menschen zu erzählen?

Vor etwa zwanzig Jahren, in einer schwierigen Lebensphase, begann ich nach Antworten auf diese Fragen zu suchen. Damals glaubte ich noch nicht an Gott. Als naturwissenschaftlich gebildeter Arzt führte mich meine Suche letztlich zu einer Entdeckungsreise durch die Natur der Bibel. In diesem Buch schildere ich meine Beobachtungen, die ich während dieses „Spaziergangs" gemacht habe.

Bevor Sie sich nun mit mir auf den Weg durch die Wälder der Bibel begeben, möchte ich Sie vorab noch eins wissen lassen: Diese „Expedition" hat meinen Job, mein Zuhause, meine Familie, die Bücher, die ich lese, ja, meine ganze Umgebung und selbst die Orte, an die ich reise, total verändert.

GOTTES BÄUME

Bäume werden älter, wachsen höher und sind größer als irgendein anderer Organismus auf dieser Erde. Sie begleiten uns seit Anbeginn der Zeit. Wir Menschen verdanken ihnen unsere Existenz – mit ihrem ganzen Sein, dem Saft, der Rinde, dem Holz, den Blüten und Früchten sorgen sie für unser Leben. Wir herrschen zwar über sie, doch sie sorgen für unsere Zukunft.

Außerdem sind Bäume einfach wunderschön. Sie schmücken Berge, beugen sich über Flussufer, umringen die nördlichen Breitengrade, triefen von äquatorialen Regenschauern – Bäume gibt es fast überall auf unserer Welt.

In klaren Nächten sieht man Baumgruppen am Waldrand vom silbrigen Mondlicht beleuchtet. Man hat fast den Eindruck, als würden sie mitten in einem Satz unterbrochen. Die ganze Nacht hindurch holen sie einmal tief Luft, halten den Atem an und dann, vom Tagesanbruch bis zur Abenddämmerung, atmen sie den Leben spendenden Sauerstoff aus.

Der Duft eines Kiefernwaldes an einem heißen Tag, das Rascheln von Palmblättern in einer tropischen Brise, der Anblick gelber Ahornblätter, die durch den Herbsthimmel gleiten – all das sind Beispiele dafür, wie Bäume ihren Schöpfer preisen.

Wer dafür offen ist, welch großes Geschenk Bäume sind, der ist jeden Tag neu davon ergriffen. Nur Gott kann so etwas Wunderbares wie einen Baum erschaffen.

SICH AUF DEN WEG MACHEN

In diesem Buch geht es um die Bäume, die in der Bibel vorkommen. Doch dieses Buch ist kein Selbsthilfebuch. Durchs Lesen erfahren Sie nicht, wie Sie Ihr Bankkonto füllen, wie Ihre Zähne weißer oder Ihre Haare glänzender werden. Vielmehr zeigt es auf, warum Gott unsere Vorfahren, Adam und Eva, in einen Garten voller Bäume stellte und ihnen auftrug, sie sollen sich um die Bäume kümmern. Es will Verständnis dafür schaffen, warum weltbekannte christliche Schriftsteller wie C. S. Lewis und J. R. R. Tolkien die Helden ihrer Geschichten als Beschützer von Bäumen und die Schurken als deren Feinde dargestellt haben.

Die meiste Zeit meines Lebens habe ich nicht an Gott geglaubt. Das hat sich geändert. Genauer gesagt waren die Bäume der Bibel ausschlaggebend dafür, dass ich zum Glauben gefunden habe.

Das Christentum ist die einzige Religion, in deren Heiliger Schrift vom Anfang bis zum Ende Bäume vorkommen. Jede bedeutende Person wie auch jedes Hauptereignis wird durch einen Baum markiert. Es gibt Bäume im ersten und letzten Kapitel der Bibel, im ersten Psalm und im ersten Evangelium. Im Buch wollen wir uns anschauen, wie die Bibel anhand von Bäumen Wahrheiten wie Weisheiten über uns Menschen und Gott vermittelt. Wir werden sogar entdecken, dass die Bibel Aussagen über Bäume enthält, die erst in heutiger Zeit durch die Wissenschaft entdeckt wurden.

Einmal im Jahr holen Christen einen Baum in ihre Häuser, um die Geburt ihres Retters zu feiern. Doch sonst scheinen Christen nicht viel für Bäume übrigzuhaben. Warum? Das ist eine der Fragen, die das Buch beantworten möchte. Wir werden uns auf einen Streifzug begeben von 1. Mose bis zum Buch der Offenbarung und sehen, wie Gott Bäume in der Bibel gebraucht. Und genau wie beim Bibellesen dürfen Sie ruhig drin blättern, um beispielsweise zuerst von Jesus zu lesen (in Teil 3) und anschließend zum ersten Kapitel zurückkehren. Hier einige der Fragen, die Sie beantworten können, nachdem Sie das Buch gelesen haben:

JEDE BEDEUTENDE PERSON UND JEDES HAUPTEREIGNIS WIRD VON EINEM BAUM MARKIERT.

- Wer war in der Bibel die erste Person, die Bäume gepflanzt hat?
- Wer war die erste Person, die einen Baum zerstört hat?
- Warum hat Jesus das Reich Gottes mit einem Baum verglichen?
- Warum heißt es, dass Bäume vor Freude jubeln werden, wenn Jesus wiederkommt, um die Welt zu richten?
- Können Bäume wirklich miteinander reden, wie sie es in der Bibel tun?
- Warum freuen sich einige Menschen beim Anblick eines Baumes, der sich im Wind bewegt, während andere keine Notiz davon nehmen?
- Wo gibt es mehr Bäume – im Himmel oder in der Hölle?

WEGWEISER

In der Schöpfung finden wir Wegweiser Gottes. So können wir anhand von Bäumen die Natur und den Charakter Gottes klarer erkennen und besser verstehen. Bei unserem Streifzug durch die Bibel werden wir unser Augenmerk auf folgende Aspekte lenken:

- Gott mag Bäume.
- Genau wie Gott stehen Bäume für das Leben.
- Verantwortungsvoll mit der Natur umzugehen, kann unsere Liebe zu Gott ausdrücken und ein Zeichen unseres Respekts gegenüber ihm sein.
- Durch das Pflanzen von Bäumen drücken wir Liebe für unsere Mitmenschen und Hoffnung für zukünftige Generationen aus.
- Bäume helfen uns, wieder das Staunen zu lernen.

Sie dürfen sicher sein, wir werden einiges entdecken. Wir werden bei uralten Bäumen haltmachen, die Zeugen der Begegnungen zwischen Gott und Persönlichkeiten der Bibel wurden. Wir werden auch erfahren, wie Gott Bäume benutzt hat, um auf unterschiedliche Weise das Kommen des Messias anzukündigen. Und zu guter Letzt werden wir sehen, wie Jesus und die Apostel die gute Nachricht anhand von Baumbeispielen verbreitet haben.

Noch ein Hinweis: In diesem Buch bezieht sich der Begriff *Baum* nicht nur auf Bäume an sich, sondern auch auf Gegenstände, die aus Bäumen hergestellt sind wie etwa Holzstangen, Wanderstöcke, Stäbe, Leitern sowie das Kreuz.

Auch werden mit dem Begriff die Bestandteile eines Baumes eingeschlossen wie Früchte, Samen, Wurzeln, Äste und Blätter. Darüber hinaus tragen auch Büsche, Reben und andere Pflanzen ihren Teil dazu bei, dass sich uns der tiefere Zusammenhang, den Gott mit ihnen im Sinn hatte, erschließt.

MACHEN WIR UNS AUF!

Jedes Mal, wenn unser prachtvoll geschmückter Planet einen weiteren Lauf um die Sonne vollendet, schenkt Gott jedem Baum einen neuen Jahresring. Für uns macht die Uhr bloß „tick" und ein weiteres Jahr ist vergangen. Doch nehmen wir uns Zeit, die Bäume wirklich einmal bewusst wahrzunehmen? Beherzigen wir den Appell, sie zu beschützen? Pflanzen wir kleine Bäume, auf die die nächste Generation klettern und unter denen die darauffolgende Schatten finden kann? Wollen wir im Glauben Frucht bringen und *„Eichen der Gerechtigkeit"* genannt werden? (Jesaja 61,3; EÜ).

Auf diesem Planeten gibt es zwei Kräfte, die an uns zerren, und zwar in entgegengesetzte Richtungen. Die eine sagt uns: „Kümmere dich um dich selbst. Alles dreht sich um dich." Und die andere: „Liebe Gott und liebe deinen Nächsten." Letztere Aussage wurde von jemandem getroffen, der behauptet hat, der wahre Weinstock und der Baum des Lebens zu sein.

In diesem Buch geht es um das, was Gott am Herzen liegt. Gott hat ein Herz für Bäume. Begleiten Sie mich auf diesem Spaziergang durch die Bibel und machen Sie sich darauf gefasst, jemandem zu begegnen, der meine Vorliebe für Bäume bei Weitem übertrifft.

DER WALDWEG DER BIBEL

„Die Erde brachte Pflanzen und Bäume in ihrer ganzen Vielfalt hervor. Wieder sah er sich an, was er geschaffen hatte: Es war gut."

1. Mose 1,12

Der würzige Duft eines Kiefernwalds an einem heißen Sommertag ist unverwechselbar. Keine andere Stille gleicht der uralter Mammutbäume des Nachts. Und mir fällt keine Frucht eines Baumes ein, die ich nicht mag. Bäume sehen nicht nur schön aus, sie hören sich auch wundervoll an, und ihre Früchte schmecken köstlich.

Der erste Baum, an den ich mich von meiner Kindheit erinnern kann, ist ein Hartriegel, der in einer Ecke unseres Vorgartens stand. Seine Äste erstreckten sich bis auf den Boden und bildeten darunter ein verstecktes Spielhaus. Die Rinde war rau, die Blütenblätter seidig weiß und die Beeren rot und glatt.

Wäre ich in einer Wüstenregion aufgewachsen, würde ich jetzt vielleicht wegen Kakteen sentimental werden, aber ich wuchs auf dem Land, im US-Bundesstaat Maryland, auf. Unser Ort hieß Woodfield („Holzfeld") und kein Dorf ist je passender benannt worden. Denn Woodfield ist umgeben von Wäldern, fruchtbarem Boden und Weiden. Als Jugendlicher wanderte ich meilenweit auf schmalen Pfaden, die von Holstein-Kühen getrampelt worden waren, sowie auf den etwas breiteren der Traktoren. Ich streifte durch die Wälder entlang der oberen Flusszweige der Seneca. Ich hielt mich gerne draußen auf – unter einem offenen Himmel und einem Blätterdach aus Eichen, Ahorn und Tulpenbäumen. Die Wälder waren umgeben von Zäunen, dahinter befanden sich hügelige Felder.

In der Vorschule pflanzte ich mit etwas Hilfe meinen ersten Baum. Ich goss Wasser auf die Wurzeln einer Weiden-Eiche neben unserer örtlichen Grundschule. Unsere Schule leistete Pionierarbeit in Sachen Naturschutz. Einmal kam sogar Lady Bird Johnson, die damalige First Lady, Ehefrau von US-Präsident Lyndon B. Johnson, an unsere Schule, um sich unsere gepflanzten Bäume anzuschauen. „Jeder kann einen Baum oder einen Strauch pflanzen", sagte sie, um uns – und unser ganzes Land – zum regen Baumpflanzen zu ermuntern. Ich war hingerissen von ihrem Hut, ihren Handschuhen und dem Gefolge der First Lady. Noch immer habe ich im Ohr, wie sie das Wort *Strauch* in die Länge zog, als hätte es mehr als eine Silbe. Seitdem pflanze ich liebend gerne Bäume.

Meine Highschool bot damals eine handwerkliche Ausbildung an, was dazu führte, dass ich sieben Jahre lang als Tischler arbeitete. Ich konnte die Fichte in einem Balken, die Kiefer in einem Bolzen und die Tanne in einem Brett erkennen – ach ja, und ein Haus mit sauberen Pappel- oder Ahornholzelementen ausstatten. Ich konnte mich glücklich schätzen: Meine Baustellen damals waren noch angenehm still, frei von Druckluftkompressoren und Nagelschussgeräten. Wir schnitten Verkleidungen noch mit Rückensägen und Handgehrungsladen zurecht. Wir nagelten Kranzprofile mit einfachen Hämmern. Es ist einfach herrlich, an einem schönen Herbsttag ein Haus aus Bäumen zu bauen.

WIE ICH MEIN BESSERES „DREIVIERTEL" KENNENLERNTE

Als ich ein Teenager war, brach meine Familie auseinander. Mit 16 Jahren lebte ich dann bereits allein und arbeitete als Tischler. In die Kirche ging ich schon lange nicht mehr.

Mit Anfang 20, an einem Dezembertag, schaute ich beim Haus eines Mundchirurgen vorbei, weil ich dort ein großes Erkerfenster installieren sollte. Die Familie war jüdisch. Als die 18-jährige Tochter ins Zimmer trat, spielte sich der schlimmste Albtraum ihrer Eltern ab: Das jüdische Mädchen verliebte sich in den heidnischen Tischler. Zwei Jahre später heirateten Nancy und ich unter einem Ahornbaum, der uns als *Chuppa* diente, der Traubaldachin, unter dem wir unser Ehegelübde austauschten. Wie bei einer jüdischen Hochzeit üblich, zertrat ich ein Weinglas und los ging unser gemeinsames Leben. *L'chaim!*

Eine Woche später erzählte ich Nancy meinen Plan. Ich wollte Arzt werden. Es gab nur ein Problem: Die Schule ist mir nie leichtgefallen. Ich hatte keine Ahnung von Algebra, Chemie oder Biologie und in der zehnten Klasse war ich durchgefallen. Aber Nancy versicherte mir: „Ich bleib an deiner Seite – was auch immer geschieht."

Also besuchte ich einen Onkel, der Dekan an einem College gewesen war. Trotz meiner nicht gerade herausragenden Schullaufbahn glaubte er an mich. „Du kannst das schaffen. Ich sorge dafür, dass du an die Uni kommst. Du hast ein Semester Zeit, um dich zu beweisen. Der Rest liegt ganz bei dir."

Glücklicherweise hatte sich die Welt seit meinen Highschool-Tagen verändert. So spielte es trotz meiner Legasthenie keine Rolle mehr, dass ich mir die Multiplikationstabelle nicht einprägen konnte. Der Taschenrechner half mir in Physik, das Wörterbuch beim Schreiben. Ich studierte wie ein mittelalterlicher Alchemist, der kurz vor einer großen Entdeckung stand. Zweieinhalb Jahre später wurde ich von drei medizinischen Hochschulen angenommen.

Unser Sohn wurde am Ende meines Studiums geboren und unsere Tochter im letzten Jahr meiner Assistenzzeit. Danach zogen wir in einen anderen US-Bundesstaat, nach Maine, wo ich in der Notaufnahme eines Krankenhauses arbeitete. Lange Schichten und schlaflose Nächte sind fester Bestandteil dieses Jobs, aber er bietet auch unschätzbare Momente. Man wird von Kindern umarmt. Man hält einem einsamen Menschen die Hand. Man erlebt, wie ein Patient sich erholt. Besonders gerne nähte ich Wunden, da ich dabei Geschichten aus dem Leben meiner Patienten hörte.

Maine ist bewaldeter als irgendein anderer Staat der USA. Dort bauten Nancy und ich uns ein Haus. Wir pflanzten Bäume entlang unserer Straße sowie einen kleinen Obstgarten hinter unserem Haus. Unser Leben verlief ohne große Stürme.

Eines Freitagabends dann, während eines Urlaubs auf einer Insel an der Südwestküste Floridas, saßen meine Frau und ich draußen auf einer Veranda im ersten Stock. Weit und breit waren keine Autos, Straßen oder andere Menschen zu sehen. Unsere Kinder schliefen bereits. Sternbilder zogen still über uns hinweg. Eine sanfte Brise wehte über dem Wasser und Palmen säuselten im Wind.

In dieser Stille wandte Nancy sich mir zu und fragte: „Was ist deiner Meinung nach das größte Problem auf der Erde?"

Ihre Frage kam wie aus dem Nichts; ich dachte länger über sie nach.

„Die Welt liegt im Sterben", erwiderte ich schließlich. „Es stehen weder Ulmen an der Ulmenstraße noch Kastanien an der Kastanienallee. In Caribou gibt es keine Karibus mehr. Die einzig verbliebenen Büffel in Buffalo sind die Metallstatuen entlang der Autobahn. Ich bezweifle, dass die Menschheit die nächsten hundert Jahre ihren gewohnten Gang gehen und erwarten kann, dass die Dinge schon laufen werden."

Daraufhin fragt Nancy mich weiter: „Wenn die Welt im Sterben liegt, was willst du dann dagegen unternehmen?"

Ich hatte darauf keine Antwort.

DIE GRENZEN MEINER WISSENSCHAFT

Nach unserer Rückkehr aus dem Urlaub verlief unser Leben nicht mehr in ruhigen Bahnen. Das erste in einer Reihe tragischer Ereignisse ereilte uns während unseres jährlichen Strandausflugs im größeren Familienkreis. Nancys Bruder schwamm im Meer, als er von einem Sog unter Wasser gezogen wurde und ertrank. Unsere Kinder wurden Zeugen dieses schlimmen Unglücks und Nancy wurde depressiv. Ungefähr zur gleichen Zeit verfolgte mich ein geistig kranker Patient, der erst aufgehalten werden konnte, nachdem die Polizei entdeckte, dass er seine Mutter umgebracht und ihren Leichnam in einem Wandschrank versteckt hatte.

Dann kam jener klare Septembermorgen, an dem ich einen Anruf von unserer Nachbarin erhielt. Ihr Sohn war im gleichen Alter wie unserer. Sie bat um Unterstützung, um ihrem Sohn zu erzählen, dass sich sein Vater im ersten Flugzeug befunden hatte, das bei den Terroranschlägen vom 11. September ins World Trade Center gestürzt war.

Je mehr ich mich bemühte, alles zusammenzuhalten, desto mehr geriet unser Leben aus den Fugen. Die Finsternis verschwand nicht. Mein Optimismus versiegte.

In der Notaufnahme hatte ich schon eine Menge schlimmer Fälle miterlebt. Doch erst jetzt wurde mir klar, dass es das Böse in der Welt wirklich gibt.

Das Böse ist kein wissenschaftliches Konzept; es lässt sich nicht messen. Es ist ein geistliches Konzept. Bis zu dem Zeitpunkt glaubte ich nur an Dinge, die quantifiziert, getestet und reproduziert werden können. Ich glaubte nicht an Gott. Hätte mich jemand nach der Existenz Gottes gefragt, ich hätte auf in Skandal verwickelte Fernsehprediger oder den Kirchenprozess Galileos verwiesen. Damit wäre die Sache für mich geklärt. Wenn mich ein Patient nach meinem Glauben fragte, erwiderte ich für gewöhnlich: „Ich glaube an die heilende Kraft von Antibiotika der dritten Generation."

Ich hatte jedes Buch von Autoren wie Carl Sagan, David Attenborough und Stephen J. Gould gelesen, die alle für die Kraft der Wissenschaft plädierten. Meine medizinische Ausbildung hatte mir Sinnhaftigkeit und Freiheit verschafft und mich in die Lage versetzt, anderen Menschen helfen zu können. Doch nun, da Nancy zu kämpfen hatte und tragische Vorfälle sich häuften, kam meine Wissenschaft an ihre Grenzen.

Was tut man, wenn einem mit einem Mal klar wird, dass das Böse real ist? Was macht man mit einer Familie, die droht zu zerbrechen? Was unternimmt man in einer Welt, die im Sterben liegt?

Wissenschaft, so wirksam sie auch ist, kann das Böse nicht definieren, geschweige denn Gut und Böse unterscheiden. Wollte ich einen Ausweg aus dieser Finsternis finden, so musste ich an Stellen suchen, an denen ich noch nie zuvor nachgeschaut hatte. Ich fing bei einigen bekannten heiligen Texte an. Ich las die *Ramayana* und die *Bhagavad Gita*. Dann nahm ich den Koran in Angriff.

An einem Sonntagmorgen im Krankenhaus hatte ich einmal gerade keine Patienten, also suchte ich mir etwas zu lesen. Auf einem Kaffeetisch, zwischen alten Ausgaben von *People* und *National Geographic*, fand ich eine Bibel. Ich hatte die Bibel noch nie gelesen. Wir hatten zwar Tausende Bücher zu Hause, aber wir besaßen keine einzige Bibel. Also schnappte ich sie mir.

Ich fing mit dem Matthäusevangelium an. Innerhalb weniger Seiten wurde ich nicht mit Antworten, sondern mit der großen Frage der Bibel konfrontiert: „Was hältst du von Jesus?“

Ich erkannte auf den ersten Blick: Jesus war anders als jede Person, der ich bislang begegnet war. Er war sowohl menschlicher als auch göttlicher als irgendjemand sonst. Obwohl ich nicht sofort zum Glauben fand – in dieser Hinsicht war ich eher wie Petrus als wie Paulus –, veränderte er schon bald jeden Bereich meines Lebens.

In den darauffolgenden zwei Jahren kamen sowohl mein Sohn als auch meine Frau und schließlich meine Tochter zum Glauben an Jesus Christus. Wie ich glaubten sie nun, dass er ihr Retter ist.

Jesus tritt nicht bloß als guter Lehrer oder moralischer Leiter auf, selbst wenn eine flüchtige Kenntnis von ihm genügt, um zu erkennen, dass er beides ist. Er stellt einen unermesslich höheren Anspruch. Er behauptet unmissverständlich, der Sohn Gottes zu sein: *„Wer mich gesehen hat, der hat auch [Gott] den Vater gesehen"* (Johannes 14,9).

Ist diese Behauptung falsch, so ist Jesus ein Lügner. Ist Jesus hingegen derjenige, der er vorgibt zu sein, so ist er der Herr der ganzen Schöpfung. Es gibt keinen Mittelweg. Wir haben nur diese zwei Wahlmöglichkeiten. Meine Familie entschied sich dafür, ihm zu glauben, ihm zu vertrauen und ihm nachzufolgen.

WAS GOTT ÜBER BÄUME DENKT

Die zwei Jahre nach meiner Bekehrung waren nicht einfach. 15 Jahre lang hatte ich meine ärztlichen Tätigkeiten ausgeübt. Doch schließlich fand ich eine Antwort auf Nancys zweite Frage, die sie mir während unseres Urlaubs in Florida gestellt hatte: „Was willst du gegen die sterbende Welt unternehmen?" Ich sagte ihr, dass ich meine Stelle als Stabschef und Leiter der Notaufnahme kündigen und mich den Rest meines Lebens dafür engagieren wollte, Gott zu dienen und den Planeten zu retten. Besorgt darum, nach wie vor genug zu essen zu haben – gar nicht zu reden davon, unseren beiden Teenagern ein Studium zu ermöglichen –, erwiderte Nancy: „Liebling, meinst du wirklich, dass wir *so* viel tun müssen?"

Wir verkauften unser Haus, gaben die Hälfte unseres Besitzes weg und zogen in eine Wohnung von der Größe unserer vorherigen Garage. Bald darauf schlossen wir uns einer Kirchengemeinde an, die wie eine Familie für uns wurde und es bis zum heutigen Tag geblieben ist. Wir verdanken dieser Gemeinde so viel. Es ist eine konservative Kirche, die sich stark an der Bibel orientiert. Gerade deshalb waren wir ihr beigetreten. Doch als ich anbot, Bäume auf dem Kirchengrundstück zu pflanzen, sagte mir einer der Pastoren, ich sei ein Ökofreak. Und das meinte er nicht als Kompliment. Meine erste Reaktion darauf war: *Vielleicht liege ich ja falsch. Vielleicht schert Gott sich tatsächlich nicht um Bäume.*

Damals war unsere ganze Familie noch jung im christlichen Glauben. Meine Tochter war noch nicht mit einem Pastor verheiratet, mein Sohn noch nicht als Kinderarzt missionarisch in Afrika tätig und ich hatte noch keine Bücher über angewandte Theologie geschrieben oder in mehr als tausend Hochschulen und Kirchengemeinden auf der ganzen Welt gesprochen. Was wusste ich schon darüber, was Gott über Bäume denkt?

GOTT HAT EINE BESONDERE VORLIEBE FÜR BÄUME.

Seit meiner ersten Begegnung mit dem Evangelium mit Anfang 40 dient mir die Bibel als Kompass. Insofern orientierte ich mich auch an der Bibel, als man mich einen Ökofreak nannte. Ich las sie von 1. Mose bis zum Buch der Offenbarung durch und markierte alles, was sie über Bäume zu sagen hatte. Und dabei stellte ich fest: Auch Gott hat eine besondere Vorliebe für Bäume.

GOTTES WALDWEG

Mit Ausnahme von Gott und Menschen werden Bäume in der Bibel mehr als sonst irgendein Lebewesen erwähnt. Bäume spielen im ersten Kapitel von 1. Mose, im ersten Psalm, auf der ersten Seite des Neuen Testaments und der letzten Seite der Offenbarung eine Rolle. Ob Sündenfall, Sintflut oder der Sturz des Pharaos – jedes große Ereignis in der Bibel steht in Beziehung zu einem Baum, Zweig, Samen, einer Frucht oder irgendeinem anderen Bestandteil eines Baumes.

> BÄUME WERDEN IN DER BIBEL – MIT AUSNAHME VON GOTT UND MENSCHEN – MEHR ALS SONST IRGENDEIN LEBEWESEN ERWÄHNT.

Jesus sagt: *„Ich bin der wahre Weinstock, und mein Vater ist der Weingärtner“* (Johannes 15,1). Die Weisheit der Bibel ist ein Baum des Lebens (siehe Sprüche 3,18; SCHL). Uns wird empfohlen, wie ein Baum zu sein, *„der nah am Wasser gepflanzt ist, der Frucht trägt Jahr für Jahr“* (Psalm 1,3).

Zudem erscheint jede bedeutsame Figur in der Bibel in irgendeiner Weise mit Bäumen verbunden. Im Alten Testament erhält Noah einen Olivenzweig (siehe 1. Mose 8,11). Abraham wohnt *„bei den Eichen von Mamre“* (1. Mose 18,1) und Mose steht barfuß vor dem brennenden Busch (siehe 2. Mose 3,2-5). Zunächst mag man Josef für eine Ausnahme halten, doch dann sagt sein Vater Jakob zu ihm: *„Josef, du bist wie ein fruchtbarer Baum“* (1. Mose 49,22).

Dasselbe Muster zeigt sich im Neuen Testament. Man denke nur an Zachäus, der auf einen Maulbeerfeigenbaum klettert (siehe Lukas 19,1-4), den Blinden, der Menschen umhergehen sieht, als sähe er Bäume (siehe Markus 8,24), oder die Jünger, die sich mit Jesus auf dem Ölberg versammeln, benannt nach den sich dort befindenden Ölbäumen (siehe Lukas 22,39). Und der Apostel Paulus behauptet in Römer 1,20, dass wir durch die Schöpfung, also auch durch Bäume, keine Entschuldigung mehr dafür haben, nicht an Gott zu glauben. Auch vergleicht Paulus uns Christen mit Zweigen, die dem Baumstamm Israels aufgepfropft wurden, damit dessen Wurzeln uns Halt in unseren Lebensstürmen geben (siehe Römer 11,17-18).

Jesus selbst erklärte, dass Gottes Reich wie ein Baum ist (siehe Matthäus 13,31-32). Nur einem Baum fügte Jesus je Schaden zu (siehe Markus 11,12-14 und 20-21). Und nur ein Baum konnte ihm je Schaden zufügen. Nach seiner Auferstehung wird er fälschlicherweise für einen Gärtner gehalten (siehe Johannes 20,15). Nicht ohne Grund. Jesus ist der neue Adam, der gekommen ist, um die ganze Schöpfung zu erlösen. Der Himmel ist ein Ort, an dem die Blätter eines Baumes allen Völkern zur Heilung dienen (siehe Offenbarung 22,1-2). Und als ob er diesem Wald an Metaphern noch einen letzten Baum hinzufügen will, lautet die letzte „Ich bin"-Aussage von Jesus in der Bibel: *„Ich bin der Nachkomme aus der Familie von David, der Trieb, der aus seiner Wurzel hervorsprießt"* (Offenbarung 22,16).

Von 1. Mose bis zur Offenbarung ist in der Bibel von Gott ein Weg bereitet, der von Bäumen gesäumt ist. Und sicher gibt es einen guten Grund, warum so viele Menschen Bäume mögen. Ich denke, es liegt daran, weil Gott uns als sein Ebenbild geschaffen hat. Gott mag einfach Bäume.

DIE BÄUME VOR LAUTER WALD NICHT SEHEN

Gott hat all diese Bäume aus gutem Grund in die Bibel gepflanzt. Ihm stand eine ganze Welt von Symbolen zur Verfügung, doch er wählte Bäume, um seine gute Nachricht zu erzählen. Warum aber haben die meisten Christen noch nie eine Predigt über Bäume gehört?

Ein ganzes Jahrzehnt lang ging ich dieser Frage nach. Ich fing mit der ältesten Bibel in meinem Bücherregal an, einer Studienbibel, die vor über einem Jahrhundert veröffentlicht wurde. Die Bibelkommentare darin enthalten 20 Seiten über Bäume und Pflanzen mit mehr als 50 Illustrationen und vier ganzseitigen Abbildungen bekannter Bäume in der Bibel. All diese Bezüge und Illustrationen zeigen auf, was die Herausgeber der Bibelkommentare im 19. Jahrhundert für einen ausgewogenen Ansatz fürs Bibelstudium wählten.

Später verglich ich dieses Ergebnis mit der neuesten Ausgabe dieser Studienbibel, veröffentlicht im Jahr 2013 von demselben Verlag. Hier findet sich keine einzige Seite mehr mit Kommentaren über Bäume oder Pflanzen. Das Stichwortverzeichnis hat nur drei Einträge zu Bäumen. Das ist zwar minimal, aber noch besser als einige andere moderne Studienbibeln, die überhaupt keine mehr haben.

Trotz der Tatsache, dass Bäume in der Bibel als Lieblingsmetapher Gottes dienen, werden sie in den meisten Kirchen kaum thematisiert. Das war nicht immer so. Es gibt eine ganze Reihe von Schriftstellern, die den Zusammenhang zwischen Bäumen und Gott verstanden. Geht man einmal mehr als tausend Jahre zurück zu einem der ältesten Werke der englischen Literatur, *The Dream of the Rood* („Der Traum vom Kreuz"), bekommt man dort die Geschichte der Kreuzigung aus der Sicht eines Baumes erzählt. Und ein Blick auf die Predigttitel einer der bekanntesten Prediger des 19. Jahrhunderts, des englischen Baptistenpastors Charles Spurgeon, macht deutlich, was Kirchgänger damals von der Kanzel hörten. Einige Beispiele: „Christus, der Baum des Lebens", „Die Bäume in Gottes Hof", „Die Zedern vom Libanon", „Der Apfelbaum im Wald", „Die Schönheit des Ölbaums", „Das Rauschen im Maulbeerbaum" und „Der blattlose Baum". Spurgeon, der „Prinz der Prediger", hatte keine Schwierigkeit, die Bäume *und* den Wald in der Bibel zu sehen.

Auch zwei der beliebtesten und einflussreichsten christlichen Romanautoren – J. R. R. Tolkien und C. S. Lewis – lassen Bäume in ihren Werken auftreten. Sei es Tolkiens Waldzuflucht Lothlórien in Mittelerde oder die Reaktion der Bäume auf Aslan in Lewis' *Chroniken von Narnia*: Für beide Autoren sind Bäume ein Bild des Friedens. Die Helden ihrer Romane leben unter oder in Bäumen beziehungsweise in ihrer Nähe. Sie gehen wertschätzend mit Bäumen um, beschützen sie und sprechen sogar mit ihnen. Ganz anders die Schurken. Lewis' Antagonist Tash und Tolkiens Bösewicht Sauron beispielsweise holzen Bäume gnadenlos ab, selbst sprechende Bäume!

Mehrere Faktoren haben dazu beigetragen, dass Bäume in unserem Glauben kaum vorkommen. Doch im Kern steht das Wiederaufleben einer Irrlehre aus dem ersten Jahrhundert, nämlich das des sogenannten Dualismus. Der Dualismus hält Gottes materielle Schöpfung für böse und schreibt nur den Dingen des Geistes Wert zu. Natürlich wird diese falsche Vorstellung von keinem Teil der Bibel gestützt. Im Gegenteil.

Indem Gott durch Jesus Mensch wurde, wird diese falsche Zweiteilung widerlegt.

Die logische Schlussfolgerung des Dualismus lautet, dass Gott sich selbst verunreinigt hat, indem er materielle Form (einen menschlichen Körper) annahm. Das könnte uns jetzt zu einer weiteren Irrlehre aus dem ersten Jahrhundert führen, dem Doketismus. Aber ich will nicht vom Thema abschweifen. Man muss kein ausgebildeter Theologe sein, um sich folgende Frage zu stellen: „Wenn das Geistliche dem Materiellen überlegen ist, warum hat Gott dann die Erde so sehr geliebt, dass er seinen einzigen Sohn sandte, um sie zu retten?" Gefährlich wird diese Irrlehre besonders dann, wenn sie uns davon abhält, Gottes Wirken und seine Nähe in der Schöpfung zu erleben.

BÄUME SIND NICHT WILLKÜRLICH IN DER BIBEL PLATZIERT. SIE KENNZEICHNEN DIE WICHTIGSTEN EREIGNISSE EINSCHLIESSLICH SCHÖPFUNG, SÜNDENFALL, KREUZIGUNG UND AUFERSTEHUNG.

Müsste ich mit Ausnahme von Jesus ein Thema wählen, das den göttlichen Ursprung der Bibel bekräftigt, dann wären es Bäume. Warum? Weil die Bibel von vielen Autoren über viele Jahrhunderte hinweg verfasst wurde und doch kontinuierlich Bäume erwähnt werden. Da liegt es doch nahe, dass es das Werk eines Schöpfers ist.

Bäume sind nicht willkürlich in der Bibel platziert. Sie kennzeichnen die wichtigsten Ereignisse einschließlich Schöpfung, Sündenfall, Kreuzigung und Auferstehung. Das ist kein Zufall. Die Bibel ist ein verwobenes Gesamtwerk, in dem die Handschrift Gottes zu erkennen ist.

Ich mag Bäume. Und Gott mag Bäume. Machen wir uns also auf zu einem Streifzug durch die Bibel. Vielleicht erhaschen wir dabei ja einen Blick auf den Gärtner höchstpersönlich.

DIE FRUCHT, DIE ALLES ÄNDERTE

„Dann legte Gott, der Herr, einen Garten im Osten an, in der Landschaft Eden, und brachte den Menschen, den er geformt hatte, dorthin. Viele prachtvolle Bäume ließ er im Garten wachsen. Ihre Früchte sahen köstlich aus und schmeckten gut. In der Mitte des Gartens standen zwei Bäume: der Baum, dessen Frucht Leben schenkt, und der Baum, der Gut und Böse erkennen lässt."

1. Mose 2,8-9

Alle wissenschaftlichen Beweise deuten darauf hin, dass das Leben außerordentlich selten im Universum vorkommt. Sonnen, Planeten, dunkle Materie und leerer Raum sind allzu gewöhnlich, aber das Leben ist einzigartig und kostbar. Selbst in unserem Sonnensystem sind die Chancen eines Atoms, zu einem Lebewesen zu gehören, unermesslich klein – etwa eins zu 3.500 Billionen. Gehen wir dann noch über unser Sonnensystem hinaus, in die Tiefen des Alls, so verringern sich die Chancen weiter drastisch.

Auf der Erde ist das Leben so reichlich vorhanden, dass wir es als selbstverständlich hinnehmen. Leben existiert in der Tundra, in tiefen Höhlen, oberhalb der Baumgrenze, ganz unten im Ozean, unter unseren Fingernägeln – überall.

> Die grösste und langlebigste Lebensform auf der Erde ist der Baum.

Gott wählte den Baum als Symbol des Lebens. Die größte und langlebigste Lebensform auf der Erde ist der Baum. Ob tot oder lebendig, Bäume schützen und bewahren immer das Leben. Da überrascht es nicht, dass der Urheber des Lebens an den Anfang, in die Mitte und an das Ende seiner Botschaft an uns – der Bibel – einen Baum gestellt hat.

DIE BAUMVIELFALT DER BIBEL

1. Mose 1,11 beschreibt den dritten Schöpfungstag und damit den Ursprung des Blattgrüns. Sei es mikroskopisches Phytoplankton oder ein riesiger Mammutbaum, in der Bibel sind Bäume das Symbol für das Pflanzenreich. Die Verfasser der Bibel benutzten häufig ein einziges Wort, das für eine Reihe verwandter Begriffe steht. Das machen auch wir teilweise noch so. Beispielsweise meint *Vieh* zwar oft Rinder, aber es ist auch ein Sammelbegriff für Nutztiere in der Landwirtschaft.

Hier ist eine simple Methode, um sich den Baumreichtum in der Bibel vor Augen zu führen. Sie benötigen dafür nur eine Bibel und einen Textmarker. Beginnen Sie mit 1. Mose 1,11 und markieren Sie nun in den ersten drei Kapiteln jeden Vers, der sich auf Bäume (oder deren Bestandteile wie Samen oder

Früchte) bezieht, bis Sie im letzten Satz von 1. Mose 3 zu den Engeln kommen, die mit ihren flammenden Schwertern den Baum des Lebens bewachen.

Jetzt schauen Sie sich die Kapitel noch einmal an. Fast ein Drittel der Sätze in den ersten drei Kapiteln der Bibel beziehen sich in irgendeiner Form auf Bäume. Ein Drittel. Wenn Sie Ihre Markierungen überfliegen, sehen Sie einen ganzen Wald zum Vorschein kommen.

ZEIT IN GOTTES DIMENSION

Am dritten Schöpfungstag beginnt der Wald in der Bibel zu wachsen. Bevor wir uns weiter hineinwagen, sei erwähnt, dass einige Bibelleser die Zeitspannen in 1. Mose wortwörtlich verstehen und andere Bibelleser nicht. Seit Tausenden von Jahren lesen Menschen die ersten Kapitel der Bibel, um Antworten auf ihre Fragen zu finden. Vor 1.600 Jahren warnte St. Augustinus Christen davor, das erste Buch der Bibel als wissenschaftliches Lehrbuch zu betrachten. Ich werde mich nicht gegen diesen Ratschlag stellen.

Nichtsdestoweniger müssen wir Rahmenbedingungen dafür schaffen, welche Bibelstellen wir als Metaphern betrachten und welche wörtlich zu verstehen sind. Als Jesus versprach, dass wir Berge versetzen können, wenn wir einen Glauben wie ein Senfkorn haben (siehe Matthäus 17,20), dann meinte er damit sicher nicht, dass wir den Berg Sinai schweben lassen können.

Schon seit geraumer Zeit wird darüber debattiert, ob die Formulierung *„Es wurde Abend und wieder Morgen“* in 1. Mose einen 24-Stunden-Tag, eine 7-Tage-Woche oder vielleicht eher eine

Milliarde Jahre meint. Die einen lesen 1. Mose und verstehen die Bibel so, dass unser Universum in sieben Tagen geschaffen wurde, und natürlich haben sie recht. Die anderen verweisen auf 1. Mose 2,4, wo es im Urtext wörtlich heißt: *„Dies ist die Generationenfolge des Himmels und der Erde, als sie geschaffen wurden an dem Tag, als Gott, der Herr, Himmel und Erde gemacht hatte."* In diesem Vers, so betonen diese Bibelleser, kann man die Zeitspanne des Schöpfungsaktes unterschiedlich auffassen entweder als enorme Zeitspanne (eine *„Generationenfolge"*) oder als Augenblicksereignis (ein einziger *„Tag"*). Ihre Argumentation ist gleichermaßen gültig wie biblisch. Welche Sichtweise ist nun korrekt? Wurde alles in einer Woche geschaffen, an einem Tag oder in einer Generationenfolge?

An dieser Stelle lohnt ein Blick auf die Theologen von früher, die dieses Paradox folgendermaßen lösten: „Gott", überlegten sie, „erlebt die Zeit nicht so wie wir." Als Beweis dafür verwiesen sie auf Bibelverse wie 2. Petrus 3,8: *„Was für uns ein Tag ist, das ist für Gott wie tausend Jahre; und was für uns tausend Jahre sind, das ist für ihn wie ein Tag."* Sie beharrten darauf, dass Gott außerhalb der Zeit existiert.

Denjenigen, die reproduzierbare Beweise verlangten, muss das wie Unsinn vorgekommen sein. Menschen mögen Zeit unterschiedlich *wahrnehmen*, doch die Zeit bewegt sich in eine einzige Richtung und mit einer einheitlichen Geschwindigkeit. Niemand hatte je etwas Gegenteiliges beobachtet. Doch dann kamen zu Beginn des 20. Jahrhunderts Edwin Hubble und Albert Einstein daher und sagten: „Nicht so schnell …"

Ich glaube, dass es einmal nichts gab und dass Gott alles ins Sein gerufen hat. Ob sich das nun innerhalb einer Woche oder über einen scheinbar endlosen Zeitraum hinweg ereignet hat – diese Wahl will ich jedem selbst überlassen. In meiner Behandlung von 1. Mose bediene ich mich der Formulierungen, die von einer Woche sprechen, aber das darf nach Belieben gerne durch „Generationenfolge" oder einen „Tag" ersetzt werden.

BÄUME ZEIGEN UNS, WER GOTT IST, WER WIR SIND, WIE DIE WELT FUNKTIONIERT UND WARUM DAS BÖSE EXISTIERT.

Ziel dieses Buches ist nicht, das Alter von Felsen zu bestimmen, sondern herauszufinden, warum Gott als der Fels der Ewigkeit so viele Bäume in die Bibel gepflanzt hat. Fest steht: Bäume zeigen uns, wer Gott ist, wer wir sind, wie die Welt funktioniert und warum das Böse existiert.

BÄUME ALS LEBENSSPENDER GOTTES

Gott hat einen beträchtlichen Teil der biblischen Landschaft mit Bäumen bestückt. Schauen wir uns hierzu den dritten Schöpfungstag einmal genauer an.

> *„Und Gott sprach: Die Erde lasse Gras sprießen und Gewächs, das Samen hervorbringt, fruchttragende Bäume auf der Erde, von denen jeder seine Früchte bringt nach seiner Art, in denen ihr Same ist! Und es geschah so. Und die Erde brachte Gras und Gewächs hervor, das Samen trägt nach seiner Art, und Bäume, die Früchte bringen, in denen ihr Same ist nach ihrer Art. Und Gott sah, dass es gut war" (1. Mose 1,11-12; SCHL).*

Botanikern werden beim Lesen dieser Zeilen sofort die zwei Hauptkategorien in der Pflanzenwelt auffallen. Die erste sind Gymnospermen, auch „Nacktsamer" genannt. Das sind Nadelbäume (Weichhölzer) wie beispielsweise Kiefern, Eiben, Zedern und Mammutbäume. Diese Bäume erzeugen Samen, die sich jedoch nicht in den Früchten befinden. Die zweite Kategorie sind Angiospermen – vom Griechischen *angion*, „Behälter" –, die ihre Samen in den Früchten tragen. Daher heißen sie auch „Bedecktsamer". Harthölzer oder Laubbäume zählen zu dieser Pflanzenart. Man denke zum Beispiel an Pfirsich- oder Birnenbäume, Eichen oder Eschen.

Genau wie im heutigen Biologieunterricht wird diese Kategorisierung in der gesamten Bibel aufrechterhalten. Nicht nur das Alte Testament, sondern auch Jesus selbst unterscheidet zwischen Bäumen, die Frucht tragen, und solchen, die keine tragen. Dazu später mehr.

Zunächst einmal ein Blick auf einige der Verse, die wir in den ersten zwei Kapiteln von 1. Mose zu Bäumen markiert haben:

„Dann sagte er: ‚Seht, als Nahrung gebe ich euch alle Pflanzen, die Samen tragen, und die Früchte, die überall an den Bäumen wachsen; aber die Vögel und Landtiere sollen Gras und Blätter fressen.' Und so geschah es. Schließlich betrachtete Gott alles, was er geschaffen hatte, und es war sehr gut! Es wurde Abend und wieder Morgen: Der sechste Tag war vergangen" (1. Mose 1,29-31).

„Da nahm Gott, der Herr, etwas Staub von der Erde, formte daraus den Menschen und blies ihm den Lebensatem in die Nase. So wurde der Mensch ein lebendiges Wesen. Dann legte

Gott, der Herr, einen Garten im Osten an, in der Landschaft Eden, und brachte den Menschen, den er geformt hatte, dorthin. Viele prachtvolle Bäume ließ er im Garten wachsen. Ihre Früchte sahen köstlich aus und schmeckten gut. In der Mitte des Gartens standen zwei Bäume: der Baum, dessen Frucht Leben schenkt, und der Baum, der Gut und Böse erkennen lässt" (1. Mose 2,7-9).

„Gott, der Herr, brachte den Menschen in den Garten von Eden. Er gab ihm die Aufgabe, den Garten zu bearbeiten und ihn zu bewahren. Dann schärfte er ihm ein: ‚Von allen Bäumen im Garten darfst du essen, nur nicht von dem Baum, der dich Gut und Böse erkennen lässt. Sobald du davon isst, musst du sterben!'" (1. Mose 2,15-17).

In diesen Versen schreibt Gott Bäumen verschiedene Eigenschaften zu:

- Pflanzen dienen als Energiequelle für Tiere (siehe 1. Mose 1,29-30).
- Gott legt einen Garten voller Bäume als Wohnort für die Menschen an (siehe 1. Mose 2,8).
- Bäume sind „prachtvoll" (1. Mose 2,9) oder, wie es in älteren Bibelübersetzungen heißt, „lieblich anzusehen".
- Der Baum des Lebens ist ein Symbol für den Zugang des Menschen zu Gott (siehe 1. Mose 2,9).
- Die erste Aufgabe der Menschen war es, die Bäume „zu bearbeiten" und „zu bewahren" (1. Mose 2,15).
- Durch den Baum der Erkenntnis von Gut und Böse wird verantwortungsvolles Handeln erst möglich (siehe 1. Mose 2,16).

Leben, Tod, menschliche Handlungsfähigkeit, Atmung, Ästhetik, Lebenssinn und der Zugang zu Gott – all dies steht in den ersten zwei Kapiteln der Bibel im Zusammenhang mit Bäumen. Die Verbindung zwischen Pflanzen und Tieren ist nicht bloß für Biologen von Interesse; sie ist eine unumstößliche Tatsache des Lebens. Bäume würden ohne Menschen wunderbar zurechtkommen. Menschen wären hingegen ohne Bäume nicht lebensfähig. Alles, was sich auf der Erde bewegt, braucht Energie. Diese Energie, erzeugt durch den Prozess der Fotosynthese, wird in Bindungen zwischen Kohlenstoffatomen gespeichert. Sie, ich, Regenwürmer, Ameisen, Bienen, Tiger, Faultiere und Blattläuse – wir alle verdanken unser Leben den Bäumen. Wir brauchen Pflanzen nicht nur um unser Gehirn und den restlichen Körper mit Energie zu versorgen, sondern auch als Sauerstoffzufuhr, um diese Energie zu verbrennen. Der Baum des Lebens ist also in jeder Hinsicht treffend benannt.

BÄUME WÜRDEN OHNE MENSCHEN WUNDERBAR ZURECHTKOMMEN. MENSCHEN WÄREN HINGEGEN OHNE BÄUME NICHT LEBENSFÄHIG.

GOTTES SAUERSTOFFOASE

Bäume nehmen Kohlendioxid aus der Luft auf und verknüpfen diese Moleküle durch Sonnenenergie mit Wasser. Dabei entstehen Sauerstoff und Zucker. Den Sauerstoff der Pflanzen atmen wir ein und gewinnen Energie, indem Zucker verbrannt wird. Anschließend atmen wir das dabei entstandene Kohlendioxid wieder aus. Seitdem Gott diesen Kreislauf in Gang gesetzt hat, indem er seinen Lebensatem in Adams Nase blies, hat sich nichts geändert. Heute mögen wir eine detailliertere Erklärung für den Kohlenstoffkreislauf haben als das Bild, das sich aus 1. Mose ergibt. Doch keine Beschreibung bringt das Geschehen so treffend auf den Punkt – und ist zugleich so vorausschauend. Der gesamte Schöpfungsbericht besteht aus 282 hebräischen Wörtern. Es werden weder schwache oder starke Kernbindungen erwähnt noch ist von Schwerkraft oder elektromagnetischen Kräften die Rede. Auch geht es nicht darum, wie viele Elektronen sich in der äußeren Hülle eines Kohlenstoffatoms befinden. Doch der Schöpfungsbericht sagt uns, wo all die Energie herkommt – die Energie, die alles antreibt, was schleicht und kriecht und umherläuft: von den Pflanzen als Quelle des Sauerstoffs.

Für uns ist es heute selbstverständlich, dass Bäume Sauerstoff produzieren, aber dieses Wissen bestand nicht immer. Viele der größten Köpfe der Geschichte wussten nicht, was heute jeder Fünftklässler weiß. Isaac Newton, Leonardo da Vinci und Johannes Kepler hätten vermutlich gelacht, wenn ein Kind ihnen erzählt hätte, dass Bäume die Antriebskraft für alles Leben sind. Fast die gesamte Menschheitsgeschichte lang hatten wir keine Ahnung davon, dass wir quasi „Bäume atmen".

Wissenschaftler stellten sich lange die Frage, wo die Atmosphäre herkommt und was das Leben überhaupt ermöglicht. Eine der früher vorherrschenden Theorien besagte, dass Luft von Gestein freigegeben wird. Wer schon einmal eine von Dunst verschleierte Klippenwand in der Morgensonne gesehen hat, der kann sich denken, wie diese Theorie entstanden ist. Erst um 1770 wurde durch ein Experiment die Verbindung zwischen Bäumen und dem Atmen entdeckt. Wissenschaftler stellten fest, dass es einer Maus in einem verdichteten Glas gut ging, solange das Gefäß Pflanzen enthielt und Sonnenschein abbekam. Die Maus starb jedoch, wenn entweder die Sonne oder die Pflanzen fehlten. Man war auf die Sauerstoffverbindung zwischen Sonne, Pflanzen und Tieren gestoßen.

Die Bibel lässt diese Verbindung bereits erahnen, als Gott Adam das Leben einhaucht und unmittelbar danach Bäume pflanzt. Was die Atmung betrifft, so haben Menschen und Bäume einen fast identischen Aufbau vorzuweisen. Diese Ähnlichkeit wurde erst im Zeitalter des Plastiks erkannt, als es Wissenschaftlern möglich wurde, Gussmodelle der menschlichen Luftröhre zu erstellen. Ein solches Bronchogramm unserer Atemwege, ist kaum zu unterscheiden von der Form einer kahlen Eiche, so verzweigt sieht es aus. Wir tragen also eine Art „Atmungsbaum" in uns.

Ein Bronchogramm unserer Atemwege zeigt wunderbar die „Bäume", die wir in unserem Innern tragen.

DIE SCHÖNHEIT DER BÄUME

In 1. Mose 2,7 lesen wir, dass Gott etwas Staub von der Erde nahm und daraus den Menschen formte. Würde man heute den Kohlenstoff, das Eisen, das Calcium und die anderen Elemente, die zum „Bau eines Menschen" nötig sind, von einem Chemielieferanten bestellen, beliefen sich die Kosten auf schätzungsweise fünf Euro. Das Bild, dass Gott Adam aus dem Staub der Erde formt, ist nicht nur poetisch, sondern auch zutreffend: Menschen sind von ihrer Materie her betrachtet spottbillig oder wie man im Englischen sagt: „dirt cheap" („schmutzbillig"). Der Wert des Menschen leitet sich jedoch nicht von den Elementen ab, aus denen wir gemacht sind. Wir sind Tongefäße, die etwas von unschätzbarem Wert enthalten. Es ist der Ur-Atem Gottes, der den entscheidenden Unterschied macht.

Gott legte einen Garten im Osten an, „in der Landschaft Eden", wo er „den Menschen, den er geformt hatte", hinbrachte (1. Mose 2,8). Gott ist zwar überall, doch es scheint, als sei er leichter in der Nähe von Bäumen zu finden. Wir können uns den Weg zum Himmel nicht selbst erarbeiten, sondern werden durch Gottes unverdiente Güte gerettet (siehe Epheser 2,8-9). Würde Gott hierbei jedoch eine Ausnahme machen, dann wohl für Gärtner.

Ich lebe in Lexington im US-Bundesstaat Kentucky, wenige Blocks entfernt von Ashland Park. Diese zweieinhalb Quadratkilometer große Gegend wurde vor einem Jahrhundert von den Olmsted-Brüdern entworfen als ein Park mit sich schlängelnden, von Bäumen gesäumten Wegen. Obwohl die Brüder in erster Linie für ihre Gestaltung des Central Park in

New York City bekannt sind, haben die Olmsteds viele Parks und Stadtviertel in ganz Amerika angelegt.

Meine Frau und ich gehen täglich in dem von ihnen gestalteten Viertel spazieren. Wir gehen unter hoch aufragenden Eichen, Elefantenohr- und Bergahornbäumen hindurch. Ich kann nicht anders, ich verspüre dann stets eine tiefe Dankbarkeit. Bäume *überbrücken* Generationen. Sie verbinden uns mit der Vergangenheit und laden uns ein, von der Zukunft zu träumen. Indem wir Bäume pflanzen und sie pflegen, werden wir Gott ähnlicher.

INDEM WIR BÄUME PFLANZEN UND SIE PFLEGEN, WERDEN WIR GOTT ÄHNLICHER.

Gott brachte Adam in den Garten und ließ dort „viele prachtvolle Bäume" wachsen (1. Mose 2,9). Diese Beschreibung mag zunächst nicht ungewöhnlich erscheinen. Doch sie ist beispiellos, denn Gott *äußert* hier seine Meinung zu Fragen der Schönheit. Finden Sie Bäume schön? Dann sind Sie nicht allein. Sie teilen Ihr Schönheitsempfinden mit Gott.

Da überrascht es auch nicht, dass Gottes Bauanweisungen für seine Stiftshütte und seinen Tempel viel Holz erforderten. Die Bundeslade, der Tisch, die Tempelstangen und der Priesterstab wurden alle aus Holz hergestellt. Wurde etwas aus Gold gefertigt, wie etwa der Leuchter, dann wurde es Bäumen nachempfunden. Selbst das Gewand des Hohepriesters sollte laut Gottes Anweisungen am Saum symbolisch mit der Frucht eines Baumes verziert sein – nämlich Granat*äpfel*n (siehe 2. Mose 28,33-34).

DIE BEIDEN BÄUME IM PARADIES

In der Mitte des Garten Edens pflanzte Gott zwei besondere Bäume: den Baum des Lebens und den Baum der Erkenntnis von Gut und Böse. Man sollte diese Bäume keineswegs übersehen oder unterschätzen, sind es doch die beiden wichtigsten Bäume in der Bibel. Der Baum des Lebens steht für alles von Gott geschaffene Leben, kurzum für das „Gute". Er ist ein Baum der Gerechtigkeit, Schönheit und Wahrheit, der Liebe und des Lichts. Während sie noch im Garten waren, durften sich Adam und Eva von dem Baum frei bedienen. Isst man von diesem Baum oder hält an ihm fest, so gewinnt man das ewige Leben. Somit verkörpert der Baum Jesus Christus. Der Rest der Bibel – wie auch dieses Buch – dreht sich um diesen Baum des Lebens.

Der andere Baum in der Mitte des Paradieses war der Baum der Erkenntnis von Gut und Böse. Dieser Baum verursacht Hochmut, Übel, Gier, Arroganz, Hass, Grausamkeit, Bosheit, Hässlichkeit und Gleichgültigkeit. Von diesem Baum zu essen ist schlecht; ihn bewusst zu meiden ist gut. Der Baum der Erkenntnis von Gut und Böse symbolisiert den Tod.

Warum wird er aber der *Baum der Erkenntnis von Gut und Böse* genannt? Warum ist das Wort *Gut* im Namen enthalten? Vermutlich, weil es das Böse immer nur im Kontrast zum Guten gibt. Jede Sünde ist eigentlich nur eine Perversion von etwas Gutem. Im heutigen Sprachgebrauch könnten wir den Baum genauso gut den Baum von Richtig und Falsch nennen.

Gott platzierte diesen giftigen Baum in die Mitte des Gartens, wo Adam und Eva ihn nicht verwechseln konnten.

„Dieser Baum wird euch umbringen, sobald ihr davon esst", warnte Gott. Und gab danach einen hilfreichen Ratschlag: „Der Baum des Lebens steht direkt neben der Versuchung – nur als Erinnerung." Zu jeder schlechten Lebensentscheidung gibt es eine bessere Alternative.

Gott erkannte: Es war nicht gut, dass der Mann allein war, also schuf er die Frau und brachte sie dem Mann. Nackt und ohne Scham wurde ihnen die Aufgabe gegeben, „den Garten zu bearbeiten und ihn zu bewahren" (1. Mose 2,15). Die Bibel verrät nichts über die Flitterwochen. Sie wahrt das Geheimnis der ersten Ehe bis zu dem Tag, an dem alles schiefging. An dem Tag kam das Böse in Form der Schlange in den Garten und der Sündenfall ereignete sich.

„Die Frau schaute den Baum an. Er sah schön aus! Es wäre bestimmt gut, von ihm zu essen, dachte sie. Seine Früchte wirkten verlockend, und klug würde sie davon werden! Sie pflückte eine Frucht und biss hinein. Dann reichte sie die Frucht ihrem Mann, der bei ihr stand, und auch er aß davon. Plötzlich gingen beiden die Augen auf, und ihnen wurde bewusst, dass sie nackt waren. Hastig flochten sie Feigenblätter zusammen und machten sich daraus einen Lendenschurz. Am Abend, als ein frischer Wind aufkam, hörten sie, wie Gott, der Herr, im Garten umherging. Ängstlich versteckten sie sich vor ihm hinter den Bäumen. Aber Gott, der Herr, rief: ‚Adam, wo bist du?'" (1. Mose 3,6-9).

Die Bibel gibt nicht an, welche Frucht Adam und Eva aßen. Auf Gemälden greift Eva oft nach einem Apfel. Interessanterweise ist das lateinische Wort für Apfel, *malum*, das gleiche Wort wie für *„böse"*.

Die Frucht vom Baum der Erkenntnis von Gut und Böse sprach drei von Evas Gelü*sten* an: *ihren Gaumen, ihre Augen und ihr Ego. Was meinen Sie, hätten Sie an ihrer Stelle* getan? Ich hätte genauso gehandelt und die Frucht gegessen. Die meisten von uns erliegen einer Versuchung bereits dann, wenn sie nur eine der drei Begierden zu erfüllen verspricht, die Eva sich zu befriedigen erhoffte.

DIE ERSTE SÜNDE

Können Sie sich noch an die Umstände Ihrer ersten bewussten Sünde erinnern? Erinnern Sie sich an Ihren eigenen Sündenfall? Hatte da etwas Ihren Appetit oder Ihr Ego angesprochen? Oder war Ihnen etwas ins Auge gefallen? Hatte jemand Sie zu etwas überredet?

Das erste Mal, als ich mich bewusst für das Falsche entschied, war in einem Billigwarenhaus. Ich stand vor Hunderten von Süßigkeiten, die ordentlich in Glaskästchen vor mir ausgebreitet lagen. In diesem Moment war es, als glitt eine Schlange über die roten und grünen Linoleumfliesen und flüsterte mir zu: „Haben dir deine Eltern wirklich gesagt, du darfst keine davon haben?"

Ich war ein artiges Kind. Ich hielt drei, vielleicht vier Sekunden stand. Dann schnappte ich mir eine Süßigkeit und versteckte sie in meiner Tasche.

Die kleine Süßigkeit – „Atomic" – war benannt nach einer Kernexplosion, gab mir aber nicht wie auf der Verpackung versprochen die Macht, ein Gott zu werden. Sie war überhaupt nicht schön. Sie bot mir nur einen Geschmack des Verbotenen. Ich stahl sie und kam damit davon. Doch ein halbes

Jahrhundert später kann ich immer noch die Hitze des sogenannten „Atom-Feuerballs“ spüren. Ich hatte gesündigt und das war erst der Anfang.

Stehlen und etwas Verbotenes essen waren meine ersten Sünden. Ihre auch? Oder haben Sie als erste Sünde Ihre Mutter angelogen? Oder ein Geschwisterkind geschlagen?

Wie reagierten Adam und Eva, als sie erwischt wurden? Genauso wie Sie und ich reagiert haben, als wir zum ersten Mal erwischt wurden: mit einer Lüge, einem Vertuschen oder Leugnen. Die schlechteste Ausrede ist, jemand anderem die Schuld zu geben.

Vor dem Sündenfall trafen sich Adam und Eva regelmäßig mit Gott. Nicht so am Tag des Sündenfalls. An diesem Tag ließen sie ihren Schöpfer sitzen.

Zum ersten Mal suchten wir Menschen nicht mehr Gott auf; er musste kommen und uns aufsuchen (siehe Römer 3,11). Gott wusste, was sie getan hatten, also rief er: „Wo seid ihr?“ Am Tag zuvor waren Adam und Eva nackt und ungeniert gewesen, während sie sich ihrer Aufgabe widmeten, das Paradies zu schützen. Nun bedeckten sie sich mit Feigenblättern, die sie von Bäumen rissen, die sie eigentlich pflegen sollten – ein Paradebeispiel dafür, sich von einem Job davonzustehlen. Als sie hörten, wie Gott sich näherte, versteckten sie sich hinter den Bäumen des Gartens.

Vermutlich kam ihnen die Warnung *„Sobald du davon isst, musst du sterben!“* (1. Mose 2,17) wieder in den Sinn, als sie mit klebrigen Händen ihre notdürftige Kleidung zurechtrückten. Starben sie auf der Stelle? Nein. Nicht alles in der Bibel ist wörtlich gemeint. Einiges hat eine tiefere Bedeutung. Adam und Eva hatten ein langes Leben. Ihr Tod im Augenblick des

Sündenfalls war nicht körperlicher Art, obwohl auch ihr körperlicher Tod ab diesem Augenblick seinen Lauf nahm. Doch der Tod, den sie erlitten, war in erster Linie ein geistlicher. Sie wurden von Gott getrennt. Ihre Zeit im Paradies war vorbei.

Die nächste Szene in der Bibel ist schmerzhaft zu lesen. Gott verkündete, dass die Geburt eines Kindes von nun an gefährlich und mit großen Schmerzen verbunden sein würde. Eva und Adam würden aufeinander angewiesen sein, aber sie würden sich streiten. Adam würde den Boden bearbeiten, aber es würde nicht leicht von der Hand gehen. Der Boden würde Dornen und Disteln hervorbringen. Das Paar würde keinen Zugang mehr zum Baum des Lebens haben, was bedeutet, dass sie altern und schließlich sterben müssten. Und als wäre das noch nicht genug, würden sie aus dem Paradies geworfen werden (siehe 1. Mose 3,14-24).

War Gott zu streng? Was hätten Sie an Gottes Stelle getan, wenn jemand eine Abrissbirne ins Paradies gebracht hätte? Adam und Eva lebten lange im Vergleich zu uns, aber warum mussten sie alt werden und sterben? Was meinen Sie? Stellte Gott zu hohe Ansprüche oder kamen Adam und Eva eigentlich noch ziemlich glimpflich davon?

In gewisser Weise war Sterblichkeit kein Fluch, sondern ein Segen. Man stelle sich einmal vor, auf einem Planeten geboren zu werden, auf dem die gefallene Menschheit ewig lebt. Heute haben die acht reichsten Menschen der Erde mehr Geld als die ärmsten 3,6 *Milliarden* zusammen. Menschliche Habgier kennt keine Grenzen, also gab Gott uns einen unvermeidlichen Ausweg: den Tod. Und Habgier ist nur eine unserer Schwächen. Da wäre beispielsweise auch noch unser

Streben nach Macht. Man will sich gar nicht ausmalen, wie es wäre, wenn Typen wie Nebukadnezar, Alexander der Große oder Dschingis Khan immer noch auf der Erde wären und mehr als ein Leben Zeit *für ihre Machtergreifungen hätten. Der Rest von uns hätte* nicht die geringste Chance – wir wären wie Schneebälle in einer Mikrowelle.

DER SÜNDENFALL IST REAL

Als die Sünde in die Welt kam, wirkte sie sich auf die ganze Schöpfung aus, nicht nur auf die Menschheit. Wann immer wir einen Wald abholzen oder eine Tierart ausrotten, setzen wir das Erbe des Sündenfalls fort. Lange bevor Europäer nach Amerika kamen, brachten die Ureinwohner dort Faultiere, Kamele und andere Tierarten zum Aussterben. Später dann, mit der Ankunft der Europäer, breitete sich der Fluch auf dem Land weiter rasant aus. Nur wenige Jahrhunderte, nachdem Europäer am Ufer der Neuen Welt landeten, starb die fruchtbarste Vogelart Nordamerikas – die Wandertaube – aus. Der einst meistgehandelte Fisch von den Großen Seen – der Blaue Glasaugenbarsch – gehörte plötzlich der Vergangenheit an. Die am häufigsten vorkommende Baumart im Osten der Vereinigten Staaten – die Amerikanische Kastanie – verschwand von der Bildfläche. Dies sind keine unbedeutenden Beispiele; sie gehörten einst zu den wichtigsten Arten Nordamerikas. Und das gilt nicht nur für Nordamerika. Jeder Kontinent hat eine ähnliche Geschichte. Aus der Sicht der Erde sind die Folgen des Sündenfalls nur allzu real.

DIE WEISHEIT DER BIBEL

Bislang haben wir nur einen kleinen Vorgeschmack auf die ersten drei Kapitel der Bibel bekommen. Doch wir merken bereits, dass sich die wichtigsten Ereignisse unter, um, auf und neben Bäumen abspielen.

Wir haben gesehen, wie Satan Adam und Eva in Versuchung führte. Wir haben Feigenblätter gesehen, mit denen sie ihre menschliche Scham bedeckten. Wir haben gesehen, wie Dornen und Disteln auf der Erde wuchsen, wie der Baum des Lebens versperrt und die Tore des Paradieses verschlossen wurden. Wir haben gesehen, wie die Menschheit ihre Unschuld verlor und ihre Schuld nicht eingestehen wollte. Dennoch müssen wir nicht verzweifeln. So schonungslos ehrlich die Bibel auch ist, sie ist eine Geschichte der Hoffnung und Erlösung.

Doch wenn ich eins gelernt habe, dann das: Wenn ich mich auf die Wahrheit der Bibel verlasse, werde ich belohnt. Nur ein Dummkopf unterbricht den Erzähler. Denn etwas Wundersames geschieht, wenn man sich der Bibel mit einem offenen Herzen für den Glauben nähert. Das bedeutet nicht, dass man alles, was man liest, gleich verstehen oder mögen muss. Verstehe ich etwas nicht, dann klebe ich (gedanklich oder tatsächlich) einen Zettel an diese Passage und bitte Gott, mir ihre Bedeutung zu erschließen.

DIE WEISHEIT DER BIBEL IST EIN BAUM DES LEBENS. WER AN IHR FESTHÄLT, „IST GLÜCKLICH ZU PREISEN“.

Die Weisheit der Bibel ist ein Baum des Lebens. Wer an ihr festhält, „ist glücklich zu preisen“.

Manchmal habe ich auf Antworten ein Jahrzehnt warten müssen, aber ich habe sie bekommen. Auf andere warte ich noch. Nachdem Dutzende Fragen sich geklärt haben, geht einem auf, dass es in der Bibel darum geht, Wahrheit zu suchen, Antworten zu finden und den Verlauf seines Lebens dadurch verändern zu lassen.

Die Weisheit der Bibel ist ein Baum des Lebens. Wer an ihr festhält, „ist glücklich zu preisen" (Sprüche 3,18; SCHL). Und im ersten Psalm steht in Vers 3: Wer die Weisheit der Bibel sucht, der „ist wie ein Baum, der nah am Wasser gepflanzt ist, der Frucht trägt Jahr für Jahr und dessen Blätter nie verwelken".

TEIL II

SAMEN DES GLAUBENS

„Wer Gott liebt, gleicht einer immergrünen Palme, er wird mächtig wie eine Zeder auf dem Libanongebirge. Er ist wie ein Baum, der im Vorhof des Tempels gepflanzt wurde und dort wachsen und gedeihen kann. Noch im hohen Alter wird er Frucht tragen, immer ist er kraftvoll und frisch."

Psalm 92,13-15

DER BAUM DER GASTFREUNDSCHAFT

„Über die Natur zu lesen, ist schön und gut.
Doch wer im Wald spazieren geht und genau hinhört,
der kann mehr lernen, als in Büchern steht,
denn Bäume sprechen mit der Stimme Gottes."

George Washington Carver

Wir leben in einem visuell geprägten Zeitalter von Filmen und Videos. Entsprechend vertraut sind wir mit der Filmsprache, die vieles unausgesprochen lässt. Durch dieses Verständnis können Regisseure Ereignisse andeuten, ohne sie in Dialogen direkt anzusprechen.

Stellen wir uns mal einen Mann und eine Frau vor, beide attraktiv und Single. Jedes Mal, wenn sich ihre Wege kreuzen, sind sie unterschiedlicher Meinung. So gesehen stehen von außen betrachtet die Chancen, dass sie sich später im Film ineinander verlieben, nicht gerade gut. Doch wird die Szene mit sanften Violinklängen untermalt, steigen die Chancen auf fast hundert Prozent. Als Zuschauer spüren wir dank der Musik, dass gleich der erste Kuss folgt.

Regisseure machen hiervon nicht nur in Liebesfilmen Gebrauch. Stellen wir uns einen Film vor, bei dem eine junge Frau spätabends allein zu Hause ist. Wir schauen ihr bei alltäglichen Dingen zu: Sie liest ein Buch, spült das Geschirr. Alles ist friedlich. Doch welche Botschaft wird vermittelt, wenn wir dabei kurze, hohe Töne einer Geige vernehmen? Obwohl die Filmfigur ihren normalen Tätigkeiten nachgeht und sich der bevorstehenden Gefahr nicht bewusst ist, spannen wir uns an, wenn sie in den Keller hinuntergeht, die dunkle Dachbodentreppe hinaufsteigt oder die Dusche andreht. „Raus aus dem Haus!", würden wir sie am liebsten warnen.

Ähnlich wie Filme durch Musik eine Geschichte erzählen, macht die Bibel Gebrauch von Bäumen. Bäume markieren dort wichtige Ereignisse. Doch genauso wie Filmfiguren die Hintergrundmusik nicht hören können, nehmen auch die Figuren in der Bibel die Bäume um sie herum nicht wahr. Ihre Bedeutung ist ihnen nicht bewusst.

Bäume werden immer aus gutem Grund erwähnt. Tausende Jahre, nachdem die Geschichten der Bibel aufgeschrieben wurden, vermittelt Gott uns seine Wahrheiten noch immer durch Bäume. Wo ein Baum in der Bibel auftaucht, ist der Himmel nicht fern – selbst wenn die Figur in der Geschichte es gar nicht merkt. Wo ein Baum, Zweig, Busch, eine Wurzel oder Frucht auftaucht, ist auch Gott zu finden.

WO EIN BAUM, ZWEIG, BUSCH, EINE WURZEL ODER FRUCHT AUFTAUCHT, IST AUCH GOTT ZU FINDEN.

MORD UND TOTSCHLAG

Nachdem Adam und Eva aus dem Paradies verbannt wurden, bekamen sie zwei Söhne: Kain und Abel. Beide brachten Gott Opfer dar. Gott nahm Abels Opfer an, lehnte Kains jedoch ab (siehe 1. Mose 4,3-5). Lag das daran, dass Abel Fleisch opferte und Kain etwas Vegetarisches? Oft wird den unterschiedlichen Gaben in dieser Geschichte viel Bedeutung zugeschrieben. Ich persönlich denke allerdings nicht, dass sie Gottes Verhalten beeinflussten.

Alles, was wir Gott geben, ist in gewisser Weise so, als würden wir einem Strandbesitzer ein Sandkorn schenken. Gottes Annahme hängt nicht von der Gabe, sondern von der Einstellung ab, mit der sie ihm überreicht wird. Eine der Gaben, über die Gott sich in besonderem Maße gefreut hat, waren zwei Münzen von einer armen Witwe (siehe Markus 12,41-44). Genau wie die Witwe gab Abel seine Gabe mit Freude. Kain hingegen opferte seine Gabe nur widerwillig, weil er sich dazu verpflichtet fühlte. Gott gab Kain zu verstehen: Würde sich seine Einstellung ändern, dann würden er auch seine Gaben gerne annehmen. Aber Gott warnte ihn auch: Solange er seine Wut nicht im Zaum hielt, würde die Sünde auf ihn lauern. Am Ende ermordete Kain seinen Bruder (siehe 1. Mose 4,6-8).

Die Tötung Abels durch seinen Bruder ist nicht das erste Verbrechen in der Bibel, aber es ist der erste Mord. Diese Tat setzt der Vorstellung ein Ende, dass sich die Dinge wieder normalisiert hätten, wenn Gott bloß über die Sünde von Adam und Eva hinweggesehen hätte.

Ein Blick auf unsere eigene Geschichte verrät: Der Apfel liegt noch immer in der Nähe des Baumstamms. Die verbotene Frucht ist nicht weit gerollt. Sünde existiert und betrifft uns alle.

Haben Sie in Ihrem Spiegelbild schon einmal einen flüchtigen Blick auf Kain erhascht, als Sie Zähne geputzt, sich rasiert oder Make-up aufgetragen haben? Zum Beispiel, wenn ein Freund, eine Freundin von Ihnen einen Preis erhält oder befördert wird und Sie gehen leer aus? Können Sie sich dann für den anderen bzw. die andere freuen oder sind Sie neidisch? Oder kennen Sie Rivalität zwischen Geschwistern?

EINE ARCHE AUS GOFER-HOLZ

Die Ermordung Abels war bloß der Anfang des menschlichen Übels. Die Menschheit führte nichts Gutes im Schilde. Innerhalb kürzester Zeit hatte sich der Mensch weit vom Ebenbild Gottes entfernt: *„Der Herr sah, dass die Menschen voller Bosheit waren. Jede Stunde, jeden Tag ihres Lebens hatten sie nur eines im Sinn: Böses planen, Böses tun"* (1. Mose 6,5).

Schließlich hatte Gott genug gesehen. Er beschloss, den Reset-Knopf zu drücken und die Erde zu überschwemmen. Die Geschichte von der Sintflut ist in 1. Mose in den Kapiteln 6 bis 9 nachzulesen. Einzig und allein Noah war in Gottes Augen ein rechtschaffener Mensch, also ernannte er ihn zum Leiter seiner Rettungsaktion.

Der Baum, der dieses Ereignis kennzeichnet, wird im Hebräischen *Gofer* genannt. Gofer bezeichnet das Holz, mit dem Noah die Arche baute. Ich halte es für keinen Zufall, dass niemand genau weiß, welche Baumart hiermit gemeint ist. Gott hat ja versprochen, dass er nie wieder eine Sintflut schicken wird, wir diesen Baum also auch nie wieder brauchen werden.

Dennoch sollte es nicht das letzte Mal sein, dass Gott die Menschheit mithilfe eines Baumes rettete. Hierzu kommen wir im dritten Teil des Buches.

Auch heute können wir Noah nacheifern und nach seinem Prinzip leben: „Gehorche Gott, selbst wenn du der Einzige bist." Für Noah bedeutete das, ein Schiff zu bauen in einer Gegend, in der es kein Wasser gab. Er war der Erste in einer Reihe von Glaubenshelden wie William Wilberforce, Dietrich Bonhoeffer und Corrie ten Boom – Menschen, die sich dem Zeitgeist und der öffentlichen Meinung widersetzten und sich stattdessen an Gott ausrichteten.

AUCH HEUTE KÖNNEN WIR NACH NOAHS PRINZIP LEBEN: „GEHORCHE GOTT, SELBST WENN DU DER EINZIGE BIST."

In unserer Gesellschaft wird oft sowohl Individualität bewundert als auch Konformität gefördert. Doch laut Bibel ist weder Individualität noch Konformität eine Tugend, sondern Gehorsam gegenüber Gott. Manchmal erfordert dies Anpassung und andere Male das genaue Gegenteil. Wer an Gott glaubt, folgt ihm nach. Je weiter sich die Welt von den Worten und Wegen Gottes entfernt, desto unbeliebter machen sich diejenigen, die Gott nachfolgen. Wer sich weiter an Gott orientiert, befindet sich dann zwangsläufig in der Minderheit.

DER ÖLZWEIG

Als die Flut zurückging, setzte Noah mit der Arche auf Grund auf. Drei Symbole tauchen in diesem Zusammenhang auf: eine Taube, ein Regenbogen und ein Ölzweig (siehe 1. Mose 8,8-11; 9,12-16). Die Taube ist ein Symbol für Gottes Heiligen

Geist. Tauben tauchen an 31 Stellen in der Bibel auf und werden mit Reinheit und Opfer in Verbindung gebracht. Als Jesus begann, in der Öffentlichkeit zu wirken, kam der Heilige Geist auf ihn herab „wie eine Taube" (Lukas 3,22). Sieht man eine Taube auf einem religiösen Gemälde, will der Künstler damit höchstwahrscheinlich die Gegenwart des Heiligen Geistes darstellen.

Der Regenbogen ist das Zeichen des Bundes zwischen Gott, Mensch und Tier. Er ist Gottes Erinnerung an sich selbst: „Überschwemme die Welt nie wieder mit einer Sintflut, ganz gleich, wie sehr die Menschheit aus den Fugen gerät."

Ein Regenbogen besteht aus dem sichtbaren Lichtspektrum – den elektromagnetischen Wellen zwischen Infrarot und Ultraviolett. Er stellt die gesamte Bandbreite des für das menschliche Auge sichtbaren Lichts dar. Das macht den Regenbogen zum perfekten Sinnbild für Gott, den Vater. Achten Sie einmal auf den Regenbogen, der viele Gemälde aus dem Mittelalter und der Renaissance ziert. Er ist eine Art Kürzel, mit dem der Künstler Gott versinnbildlicht.

Wann immer etwas zum ersten oder zum letzten Mal in der Bibel auftaucht, sollten wir besondere Notiz davon nehmen. Der Regenbogen tritt sowohl im ersten als auch im letzten Buch der Bibel in Erscheinung (1. Mose und Offenbarung). Der Apostel Johannes beschrieb vor etwa zweitausend Jahren in Offenbarung 4,3 einen Regenbogen, der in einem Lichtkreis den Thron Gottes umgibt. Aber Regenbogen sind doch Halbkreise, keine ganzen Kreise, oder? Vom Blickwinkel eines Menschen her betrachtet, der auf dem Boden steht, ist das richtig. Doch mit dem Aufkommen des Fliegens wurde es möglich, dass auch wir heute aus der Luft den vollen Kreis eines Regenbogens sehen können. Ist das nicht faszinierend und ermutigend zugleich? Der Regenbogen ist das ganze Licht, das wir sehen können, und symbolisiert einen Gott, den wir nicht sehen können.

Und dann ist da noch der Zweig eines Olivenbaums, der Ölzweig: Das Blatt im Schnabel der Taube stammte von einem Baum aus der Familie der Ölbaumgewächse (Oleaceae). In der Antike spielte der Ölbaum mit seinen nahrhaften Früchten eine große Rolle, wohingegen die industrialisierte, westliche Welt erst kürzlich seine Vorzüge wiederentdeckt hat. Doch das Olivenöl wurde in der Antike auch zu einem anderen Zweck eingesetzt, nämlich zur Salbung von Königen.

Ein Name von Jesus ist *Christus*, was „der Gesalbte" bedeutet. Der Olivenbaum ist eng mit dem Leben und Wirken von Jesus verknüpft. Als Jesus in der Nacht vor seiner Kreuzigung im Garten Gethsemane betete, bat er seine Jünger, ihm Gesellschaft zu leisten. Doch sie schliefen ein und seine einzige Gesellschaft waren die Olivenbäume des Gartens.

Die Taube, der Regenbogen und der Ölzweig ergeben zusammen das Bild eines dreieinen Gottes: Gott, der Heilige Geist, Gott, der Vater und Gott, der Sohn.

Wie gerne würde ich jetzt schreiben, dass mit Noah und seinen Nachfahren die Welt wieder ins Gleichgewicht kam. Es geschah nichts dergleichen. Noah betrank sich und sein Sohn Ham nutzte diese Situation schamlos aus und blamierte seinen Vater. Daher verfluchte Noah die Nachkommen Hams – die Kanaaniter – und segnete nur seine anderen beiden Söhne (siehe 1. Mose 9,18-27). Danach ging es weiter bergab.

Schauen wir uns als Nächstes Abraham an – beziehungsweise Abram, wie er ursprünglich hieß. Die Geschichte Abrahams hängt eng mit einer Eiche zusammen. Die Eiche gehört zu den berühmtesten Bäumen in der Menschheitsgeschichte.

ABRAHAMS EICHE

In 1. Mose 12 forderte Gott Abram auf, seine Heimat zu verlassen und in ein unbekanntes Land aufzubrechen. Einige Kapitel später sagte Gott zu ihm: „Ich verspreche dir: Du wirst zum Stammvater vieler Völker werden. Darum sollst du von nun an nicht mehr Abram (‚erhabener Vater‘) heißen, sondern Abraham (‚Vater der Völkermenge‘)" (1. Mose 17,4-5).

Gott gab auch seiner Frau einen neuen Namen. Sie sollte fortan nicht mehr Sarai, sondern Sara heißen. Auch versprach er ihr einen Sohn, obwohl sie fast 90 Jahre alt war. Durch Abraham und Sara sollten alle Völker der Erde gesegnet werden. Die beiden sollten zu den Ur-Ur-Urgroßeltern von Jesus werden. Im Messias fand ihr Stammbaum schließlich seinen Höhepunkt.

Begeben wir uns einmal auf eine Zeitreise und stellen uns die Szene in 1. Mose 18 vor. Es ist ein heißer, trockener Tag. Abraham döst vor dem Eingang seines Zeltes im Schatten einer riesigen Eiche. Die Mittagshitze lässt die umliegenden Hügel flimmern. Seine 89-jährige Frau, ein Jahrzehnt jünger als er, macht ein Nickerchen im Zelt. Kühe und Schafe suchen Schutz unter jedem Baum und Busch. Zwei angebundene Esel wedeln sich gegenseitig die Fliegen aus dem Gesicht. Der weißhaarige Abraham schlägt seine Augen auf, blinzelt und sieht drei Fremde auf sein Lager zukommen.

Das Buch Hebräer erzählt uns, dass Abraham diese Fremden bloß für Menschen hielt und nicht erkannte, dass es göttliche

Wesen waren. Trotzdem verhielten er und Sara sich ihnen gegenüber äußerst zuvorkommend. Sie waren die perfekten Gastgeber: Abraham bot ihnen seinen Sitzplatz an. Er brachte Wasser, um ihnen die Füße zu waschen. Sara backte im Ofen Brot für sie. Abraham suchte persönlich ein saftiges Kalb aus und fing es ein, um den Gästen ein herrliches Essen zu bieten. Gott sah all dies und gab Abraham ein Versprechen. Nicht mal die modernste Kinderwunschklinik hätte diesem Ehepaar heutzutage ein Kind schenken können, doch Gott machte sie zu den Vorfahren von Milliarden Menschen.

Gott kann selbst mit den unscheinbarsten Charakteren etwas Großes in Gang bringen. Sie müssen nur vertrauen, dass Gott der Allmächtige ist. Abraham war mutig, außer wenn er vor etwas zurückschreckte. Er war ehrlich, außer wenn er Halblügen auftischte, um seine eigene Haut zu retten. Er gehorchte Gott, außer wenn er sein eigenes Ding durchzog. Doch nach jedem Fehltritt kehrte Abraham immer wieder zu Gott zurück.

Irgendein Paar musste zum Großvater und zur Großmutter so vieler Nationen auserwählt werden, aus dessen Stammbaum später der Messias emporkommen würde. Mit Abraham und Sara traf Gott eine gute Wahl. Gott wählte Abraham als Fundament seiner Geschichte mit uns, sozusagen als Wurzeln des großen Baumes, der für den Glauben steht.

Ich nenne die riesige Eiche, die Abraham und Sara Schatten spendete, gerne die „Eiche der Gastfreundschaft“. Sie wird auch die Eiche von Mamre genannt. Meine alte Studienbibel widmet der Abbildung von diesem Baum drei ganze Seiten. Auch heute noch steht eine Eiche an dem Ort, der für die Stelle gehalten wird, wo die Engel Abraham besuchten.

DER ERSTE GEPFLANZTE BAUM

Abraham kam nach Kanaan. Er war ein Fremder in einem fremden Land. Er besaß kein Grundstück. Trotzdem verhalf Gott ihm zu großem Reichtum. Durch seinen Mut und seine Weisheit gewann Abraham schnell an Einfluss. Schließlich bot ein Kleinkönig ihm einen Friedensvertrag an. Daraufhin pflanzte Abraham Bäume.

Hier wird erstmals in der Bibel erwähnt, dass ein Mensch einen Baum pflanzt. Das Pflanzen von Bäumen war für Abraham auch ein Ausdruck seines Glaubens. So betete er anschließend zu Gott: „*Abraham pflanzte in Beerscheba eine Tamariske und betete dort zum Herrn, dem ewigen Gott*" (1. Mose 21,33).

Tamarisken wachsen gut in trockenen Gegenden. Sie können sogar in Böden mit hohem Salzgehalt wie beispielsweise am Toten Meer überleben. Die Bäume geben Salz ab und schaffen um sich herum einen Dunst aus Wassertröpfchen, wodurch ein natürliches Miniklima entsteht.

WENN WIR BÄUME PFLANZEN, UM WICHTIGE EREIGNISSE ZU FEIERN, DANN BEFINDEN WIR UNS IN GUTER GESELLSCHAFT.

Abraham war ein Segen. Diesen Segen drückte er unter anderem dadurch aus, dass er Bäume pflanzte. Wenn wir also Bäume pflanzen, um wichtige Ereignisse zu feiern – die Geburt eines Kindes, den Tod eines Angehörigen, die Bekehrung eines Freundes oder die Hochzeit eines Familienmitglieds –, dann befinden wir uns in guter Gesellschaft.

ISAAKS OPFERUNG

Abraham und Sara waren ganz vernarrt in ihren Sohn Isaak. Er war ihr Wunderkind. Einige Jahre verstrichen, dann verlangte Gott aus heiterem Himmel etwas Ungeheuerliches von Abraham: Isaak sollte Gott geopfert werden (siehe 1. Mose 22,1-2).

Versuchen wir einmal, uns in Abrahams Lage hineinzuversetzen. Er sollte mit seinem geliebten Sohn eine dreitägige Reise an einen entfernten Ort unternehmen. Dort sollte er einen Berg besteigen, Isaak töten und ihn dem Herrn opfern. Nichts davon ergab Sinn. Gott war bekanntlich gegen Menschenopfer. Diese Forderung lief Abrahams (und unserem) Gottesbild gänzlich zuwider. Dennoch befolgte Abraham die Anweisungen. Warum? Weil Abraham fest darauf vertraute, dass Gott Isaak von den Toten erwecken konnte (siehe Hebräer 11,17-19).

Abraham hatte immer wieder erlebt, wie Gott Unmögliches möglich gemacht hatte. Also sammelte er Holz, steckte ein Messer ein und machte sich in Begleitung von zwei Männern mit seinem Sohn auf den Weg. Bestimmt warf er Isaak während der Reise häufig Blicke zu. Bestimmt fiel ihm das Schlucken schwer. Bestimmt versuchte er, nicht an Sara zu denken. Mahlzeiten wurden schweigend eingenommen. Und weiter ging die Reise. Abraham schaute zur Sonne und zählte jede Stunde. Die Zeit verstrich. Schließlich kamen sie am Berg an. Abraham und Isaak stiegen hinauf und erreichten die Spitze – den Ort, von dem viele glauben, dass er später als Golgota oder Golgatha bekannt werden und auf dem zweitausend Jahre nach diesem Ereignis ein anderer Sohn geopfert werden sollte. Abraham versicherte Isaak, dass Gott selbst ein Lamm für das Opfer liefern würde. Zusammen schichteten Isaak und sein Vater das Holz zu einem Haufen auf. Und obwohl Isaak stärker als sein Vater war, ließ er sich schließlich von ihm die Hände hinterm Rücken fesseln.

EIN WIDDER IM GESTRÜPP

Drei Tage hintereinander starrte ich auf „Die Opferung von Isaak", ein Gemälde von Caravaggio in der Uffizi Galerie in Florenz, Italien. Es ist grauenerregend. Der Tod scheint drauf und dran, sich auf den Jungen zu stürzen. Doch dann ist der Tod selbst der Verlierer. Der Sohn, der für seinen Vater während der dreitätigen Wanderung bereits tot gewesen ist, kehrt ins Leben zurück. In einem Dickicht entdeckt Abraham plötzlich einen Widder, der sich dort verfangen hat (siehe 1. Mose 22,13).

Abrahams Glaubensprüfung deutet auf den Sohn Gottes und seine Rettung der Welt voraus. Es fängt schon mit der unmöglichen Geburt eines versprochenen Sohnes an. Ohne dass er etwas verbrochen hat, wird der Sohn zum Tode verurteilt. Auf seinen Schultern trägt er Holz auf einen Hügel, dem späteren Jerusalem. Das Opfer wird ordnungsgemäß vorbereitet und der Sohn wird auf dem Altar festgebunden. In den Augen seines Vaters ist der Sohn seit drei Tagen tot, seit dem Moment, als der Trauerzug von seinem Zuhause aufbrach.

Dann kehrt der Sohn ins Leben zurück, auf eine Weise, die niemand vorausgesehen hat. Der Vater gewinnt seinen versprochenen Sohn zurück. Auf Gottes Zusage ist Verlass. Jetzt können Abraham und Sara tatsächlich zu den Vorfahren ganzer Völker werden.

Abraham war in seinem Leben beständig von Bäumen umgeben: als er ins Gelobte Land kam (siehe 1. Mose 12,6), als er den Engeln des Herrn begegnete (siehe 1. Mose 18,1-4) und als sein Sohn geopfert werden sollte (siehe 1. Mose 22,13). Abraham pflanzte einen Baum am Ort seines Gebets (siehe 1. Mose 21,33) und kaufte ein Stück Land, zu dem eine Höhle und alle dort stehenden Bäume gehörten, um seine Frau Sara dort zu begraben (siehe 1. Mose 23,17).

Vielleicht fragen Sie sich nun, warum sich der Widder, der als Ersatzopfer für Isaak diente, in einem solch einfachen Baum versteckte – einem bloßen Gestrüpp?

Ich habe hier ein Muster Gottes entdeckt. Gott neigt offenbar dazu, in der Nähe kleiner, unscheinbarer Bäume besonders innig zu Menschen zu reden. Ist ein Baum so winzig, dass er getrost als Busch durchgeht? Dann kann man damit rechnen, dass Gott dort Riesiges – ja, Unmögliches – vollbringt.

Ist ein Baum winzig, dann kann man damit rechnen, dass Gott dort Riesiges – ja, Unmögliches – vollbringt.

Lassen Sie uns einen Moment im Schatten ausruhen. Wir können unter Abrahams Eiche Schutz suchen. Sie erinnert uns daran, dass Gott sein Versprechen hält. Als Baum der Gastfreundschaft ruft sie uns aber auch ins Gedächtnis, dass wir Fremden gegenüber offen und zuvorkommend sein sollen. Wir dürfen Gott begegnen und ihn beim Namen nennen. Wir sollen Gott unser Bestes geben, selbst einen Schatz, der so kostbar ist wie unsere eigenen Kinder. Und wir sollen Bäume pflanzen. Tun wir das, so handeln wir wie unser Vorfahre Abraham und schaffen ein angenehmeres Klima für zukünftige Generationen.

DIE HOLZLEITER ZUM HIMMEL

„Ein Volk ohne Kinder würde kaum hoffnungsloser in die Zukunft blicken als ein Land ohne Bäume.“

Theodore Roosevelt

Vor seinem Tod traf Abraham eine Vorkehrung für seinen Sohn Isaak. Er schickte seinen Hausverwalter zurück nach Mesopotamien, um eine Frau für Isaak zu finden. Gott führte den Verwalter zur hübschen, freundlichen, fleißigen Rebekka (siehe 1. Mose 24). Isaak und Rebekka bekamen Zwillinge, Esau und Jakob. Von Anfang an lagen sich die Brüder in den Haaren. Als Jakob hinterlistig seinen Bruder um den Segen des Erstgeborenen betrog, wurde Jakob zu seinen Eltern gerufen und in die Wüste geschickt: *„Geh zu deinem Onkel Laban und such dir eine Frau. Dein Bruder wird sich früher oder später schon wieder beruhigen.“*

Ein schlichter, hölzerner Wanderstab gehörte zur Standard-Ausrüstung von Gottes Dienern und Propheten.

So brach Jakob mit nichts außer einem Wanderstab und der Kleidung, die er am Leib trug, gen Osten auf. Er ging dorthin, wo seine Mutter ihre Kindheit verbracht hatte. Im weiteren Verlauf der Bibel gehört ein schlichter, hölzerner Wanderstab (im hebräischen Text ist das Wort für „Baum“ und „Holz“ dasselbe) zur Standardausrüstung von Gottes Dienern und Propheten.

Kilometer um Kilometer lief Jakob umher. Als es Nacht wurde, warf er eine Decke auf einen Felsen, legte seinen Kopf auf einen Stein und schlief erschöpft ein. Er träumte von einer Verbindung zwischen Himmel und Erde.

JAKOBS LEITER UND DIE MANDELBÄUME VON LUZ

Wer heutzutage an Palästina denkt, stellt sich meist eine unfruchtbare, trockene Region vor. Doch vor dreitausend Jahren war das Heilige Land ein Waldgebiet. Vor zweitausend Jahren beschrieb der römisch-jüdische Geschichtsschreiber Josephus Israels unversehrte Wälder. Vor tausend Jahren bekämpfte Richard Löwenherz ein Heer, das sich in diesen Bäumen versteckte. Gut möglich also, dass Jakob in der Nacht, als er von der Leiter träumte, über sich die Umrisse von Ästen und Blättern sah. Wieso ich das denke? Weil der Ort „Luz“ hieß. *Luz* ist Hebräisch und heißt übersetzt „Mandelbäume“.

In seinem Traum sah Jakob eine Leiter, die von der Erde bis in den Himmel reichte. Engel stiegen auf ihr hinauf und herab. Am oberen Ende der Leiter stand der Herr und versprach Jakob: *„Das Land, auf dem du liegst, werde ich dir und deinen Nachkommen geben! Sie werden unzählbar sein wie der Staub auf der*

Erde, sich in diesem Land ausbreiten und alle Gebiete bevölkern. Und durch dich und deine Nachkommen sollen alle Völker der Erde am Segen teilhaben" (1. Mose 28,13-14).

Jakobs Vision hat vermutlich mehr Kunstwerke inspiriert als irgendein anderer Traum in der Geschichte. Von Chagalls Bild einer schlichten Holzleiter bis zu William Blakes Gemälde einer eleganten Wendeltreppe – so ziemlich alles ist ausprobiert worden, um den Kern dieser Szene einzufangen. An einer christlichen Universität habe ich sogar schon einmal eine dreidimensionale Skulptur von Jakobs Himmelsleiter gesehen.

Ein Zugang, wie man sich Gott nähern kann, ist, die Bibel aus dem Blickwinkel eines Künstlers zu betrachten. Großen Künstlern gelingt es, die Wahrheit in längst Vergangenem zu entdecken und sie auf unser heutiges Leben zu übertragen. Gelingt dies, wird die Vergangenheit in der Gegenwart erlebbar.

Die drei oben erwähnten künstlerischen Umsetzungen von Jakobs Traum könnten kaum unterschiedlicher sein. Doch alle drei bringen eine Wahrheit zum Ausdruck. Sie alle zeigen den göttlichen Augenblick, als sich Himmel und Erde so nah kamen, dass eine Holzleiter die Kluft überbrücken konnte.

Wer an die Bibel wie ein Rechtsmediziner herangeht, der eine Leiche seziert, hat am Ende einen Haufen von Sehnen, Muskeln, Kochen und Gewebe, doch keine Vorstellung davon, wer Gott ist. Die Bibel ist kein lebloses Objekt, das man in seine Einzelteile zerlegen kann, um ihm auf den Grund zu gehen. Wissenschaftler zertrümmern Atome und erforschen den Atomkern, um den Ursprung zu verstehen. Doch diese Methode versagt, wenn es um Gott und die Bibel geht (siehe 2. Petrus 1,20). Man kann nicht etwas Lebendiges töten und dann Antworten von ihm verlangen. Wir mögen zwar unser Verständnis erweitern, indem wir die Bibel genau untersuchen, aber wir können sie nicht sezieren, um ihr Gedankengut gänzlich zu erfassen. Nur der Glaube haucht der Bibel Leben ein.

Zur Veranschaulichung:
Angenommen, ich tue eins dieser drei Dinge:

1. Ich sage einem Freund: „Ruf mich an, wann immer du Hilfe brauchst." Dann drücke ich ihm ein Handy in die Hand.
2. Ich sage ihm: „Falls du mal in Schwierigkeiten gerätst oder dir das Geld ausgeht, benutz das hier." Dann schenke ich ihm eine Kreditkarte.
3. Ich übergebe ihm einen Schlüsselbund zu meinem Haus und Auto und sage: „Behalte sie, falls du sie brauchst."

JAKOBS LEITER SYMBOLISIERT DIE VERBINDUNG ZWISCHEN DEM VERGÄNGLICHEN UND DEM EWIGEN, ZWISCHEN DER GEFALLENEN UND DER ERLÖSTEN MENSCHHEIT.

Vertreter des Dekonstruktivismus mögen nun argumentieren, dass ich drei unterschiedliche Dinge gesagt habe. Sie könnten jedes meiner drei Angebote in immer kleinere Einheiten zerlegen. Ist es besser für eine Person, das Handy, die Kreditkarte oder den Schlüsselbund zu bekommen?

Das hängt von der Akkuladung des Handys ab, würden Sie vielleicht sagen, und vom Kreditlimit der Karte und davon, ob das Haus eine Hütte oder eine Villa ist und wie viel Benzin sich im Tank des Autos befindet.

Jede dieser Fragen führt uns weiter von der Wahrheit weg. Die Wahrheit aber ist, dass alle drei Angebote im Grunde gleich sind. Denn alle drücken auf unterschiedliche Weise aus: „Ich bin für dich da."

Ebenso geht es in Jakobs Traum darum, dass Gott uns liebt. Er reicht uns ein Handy, seine Kreditkarte und die Schlüssel zum Paradies. Er überbrückt die Kluft zwischen Himmel und Erde. So ist Gott – er möchte uns noch näher sein.

Jakobs Leiter symbolisiert die Verbindung zwischen dem Vergänglichen und dem Ewigen, zwischen der gefallenen und der erlösten Menschheit. Die Leiter steht für den Messias. Später in der Bibel wird Jesus einem Jünger, der unter einem Baum sitzt, die Bedeutung von Jakobs Leiter erklären (siehe Johannes 1,47-51).

JAKOBS TRICK DER GESCHÄLTEN ÄSTE

Als Jakob am Morgen aufwachte, war er von Ehrfurcht ergriffen. Gott war ihm hier draußen unter den Bäumen begegnet, also nannte er den Ort „Haus Gottes" (hebräisch *Bethel*; siehe 1. Mose 28,19).

Jakob goss Öl auf den Stein, den er als Kopfkissen benutzt hatte, und legte ein Gelübde ab. Er wollte dem Herrn dienen und ihm dem zehnten Teil seines Besitzes zurückgeben, wenn der Herr ihn eines Tages heil zu seiner Familie zurückbrächte. Dann setzte Jakob seine Reise fort. Einige Wochen später sprach er an einem Brunnen mit Schafhirten und erfuhr, dass er den richtigen Ort gefunden hatte. Noch während sie sprachen, kam eine hübsche Hirtin zum Brunnen – Jakobs Cousine Rahel. Jakob verliebte sich in sie und nahm in Kauf, sieben Jahre lang für ihren Vater – seinen Onkel Laban – zu arbeiten, um sie heiraten zu dürfen. Doch am Ende der vereinbarten Zeit legte sein Onkel ihn herein und drehte ihm Rahels ältere Schwester Lea an. Laban bot Jakob an, dass er auch Rahel heiraten könne, wenn er weitere sieben Jahre für ihn arbeitete.

Am Ende der 14 Jahre hatte Jakob zwei Frauen, zwei Nebenfrauen, fast ein Dutzend Söhne, doch keinerlei Vermögen. Laban dagegen war durch Jakob reich geworden. Er wusste, dass sein Reichtum nur zugenommen hatte, weil Gottes Segen auf Jakob lag. Als Jakob beschloss, nach Hause zurückzukehren, flehte Laban ihn daher an zu bleiben. Jakob stimmte unter einer Bedingung zu: Von nun an würde Laban ihm alle gefleckten, gesprenkelten und schwarzen Schafe und Ziege vermachen.

Um die Zahl der gescheckten Tiere in der Herde zu erhöhen, bediente Jakob sich eines Verfahrens, das – richtig geraten – Bäume erforderte. Er schälte die Rinde von drei verschiedenen Ästen ab und platzierte die kahlen Stöcke dort, wo die Herde trank und sich paarte (siehe 1. Mose 30,37-42).

STÖCKE UND WUNDER

Unzählige Male stolperte ich beim Bibellesen über diese Passage. Ich wollte ja gerne glauben, dass die kahlen Äste bei den Tieren irgendetwas auslösten. Doch dieses Verfahren ist weder wissenschaftlich belegt noch wird es als Wunder dargestellt. Was passierte also?

Als Assistenzarzt erlebte ich einen Fall, der mir einiges klarmachte. Die Patientin, eine Mrs Rose, war etwa 80 Jahre alt und lebte allein. Sie kam ins Krankenhaus, weil sie hohes Fieber hatte und an Atemnot litt. Die Röntgenaufnahme bestätigte eine fortgeschrittene Lungenentzündung. Sie war so schwach, dass sie nicht laufen konnte. Sie brauchte intravenös verabreichte Antibiotika. Allerdings gab es ein Problem: Sie konnte nicht an den Tropf, weil ihre Adern so dünn waren, und sie wollte keinen Zentralvenenkatheter. Der behandelnde Arzt war der Meinung, wir könnten sie auch alternativ mit einem neuen Antibiotikum zum Einnehmen behandeln, also taten wir das. Ihre Chancen standen nicht sonderlich gut. Doch innerhalb von zwei Tagen erholte sie sich. Sie begann, wieder normal zu trinken und zu essen.

Mrs Rose war eine reizende Dame. Sie freute sich immer, wenn wir zu ihr kamen, und überschüttete uns dann mit Komplimenten. Vor ihrer Entlassung besuchten wir sie noch ein letztes Mal. „Ich weiß nicht, was ich ohne Sie getan hätte“, sagte sie strahlend. Der behandelnde Arzt erwiderte ihr Lächeln und wies darauf hin, dass sie ohne die Antibiotika nicht überlebt hätte. „Oh, ich bin dankbar für alles, was Sie für mich getan haben“, sagte sie. „Ich möchte Ihnen daher etwas geben, was Sie weiterreichen können.“ Sie öffnete die Schublade neben ihrem Bett und reichte dem Arzt einen Umschlag. Er enthielt alle Tabletten, die sie während ihres Krankenhausaufenthalts bekommen hatte. Sie hatte keine einzige geschluckt.

Jakobs Verfahren mit den Stöcken ist vergleichbar mit den Antibiotika, die Mrs Rose in ihrer Schublade sammelte: Beides hatte keinen Einfluss auf das Endergebnis. Manchmal erholen sich Patienten aus Gründen, die kein Arzt erklären kann. Mrs Rose war ein solcher Fall.

Gott wies Jakob in einem Traum darauf hin, dass die Tiere sich so untereinander paarten, dass der erwünschte Nachwuchs gezeugt wurde (siehe 1. Mose 31,11-12). Der enorme Zuwachs von Jakobs gescheckter Herde hatte also nichts mit ihm oder den aufgestellten Stöcken zu tun. Er war geschenkt durch Gott. Jakob hätte seine Äste genauso gut in eine Schublade stecken können.

In den folgenden sieben Jahren ließ Gott Jakobs Herde immer größer werden und gedeihen; er sorgte für seinen Wohlstand. Laban wurde eifersüchtig und zornig darüber, dass Jakob ihn finanziell überholte. Schließlich wies Gott Jakob an, ins Gelobte Land zurückzukehren. Jakob und seine Frauen, Kinder, Diener, Schafe, Esel, Ziegen und Kamele verließen Laban und machten sich auf den Weg in die alte Heimat.

An dieser Stelle kommt einem Baum eine eher ungewöhnliche Rolle zu: Auf der Flucht steckte Rahel die Götterfiguren ihres Vaters ein. Gott wies Jakob an, den Ort Bethel aufzusuchen und dort einen Altar zu errichten. Jakob wiederum wies seine Gefolgschaft an, sich von Schuld zu befreien. Als Folge dieser religiösen Reinigung vergrub Jakob die gestohlenen Götterfiguren unter einer Terebinthe, einem Baum aus der Gattung der Pistazie, andere Übersetzungen nennen hier auch alternativ eine Eiche (siehe 1. Mose 35,4; SCHL).

Wir alle haben irgendwelche Abgötter. Wir schleppen nutzlose Bilder, Gewohnheiten und Erinnerungen mit uns herum, von denen wir uns scheinbar nicht trennen können. Vielleicht könnte es uns helfen, sie auf ein Blatt Papier zu schreiben und es anschließend – buchstäblich oder im übertragenen Sinn – unter einem Baum zu begraben.

DER BAUM DER VERGEBUNG

Jakob bekam zwölf Söhne, aber Josef war sein Lieblingssohn. Josefs ältere Brüder verkauften ihn als Sklaven. Dennoch hatte er großen Erfolg und vertraute auf Gott, sodass er schließlich sogar zum zweitmächtigsten Mann in Ägypten avancierte. Jahre später, als eine große Hungersnot ausbrach, vergab Josef seinen Brüdern und versorgte sie mit Nahrung und fruchtbarem Land. Ohne diese liebevolle Zuwendung wären Josefs Brüder und ihre Familien umgekommen.

Josef vergalt Böses mit Gutem, Mord mit Mitleid, Tod mit Leben. Tatsächlich ist Josef als Figur des Alten Testaments Jesus charakteristisch sehr ähnlich.

Vor einigen Jahren erzählte ich einem Freund, dass alle Hauptfiguren in der Bibel mit einem Baum, Zweig, Stab oder einer Wurzel in Verbindung stehen. Dieser Freund kennt die Bibel gut. Ich konnte förmlich sehen, wie er die Figuren in seinem Kopf durchging. „Und was ist mit Josef?", fragte er schließlich.

„ER IST WIE EIN BAUM, DER NAH AM WASSER GEPFLANZT IST, DER FRUCHT TRÄGT JAHR FÜR JAHR UND DESSEN BLÄTTER NIE VERWELKEN" (PSALM 1,3).

Einen Moment lang dachte ich schon, meine Behauptung sei falsch. Wie konnte einer der bewundernswertesten Figuren in der Bibel keine Verbindung zu einem Baum haben? Doch dann erinnerte ich mich an den Segen, den Jakob seinen Söhnen kurz vor seinem Tod zusprach. Zu seinem Lieblingssohn sagte er: *„Josef, du bist wie ein fruchtbarer Baum, der an einer Quelle wächst und dessen Zweige eine Mauer überragen"* (1. Mose 49,22).

Josef *selbst* ist der Baum!

Er ist das alttestamentliche Vorbild eines Menschen, der nicht dem Rat anderer Menschen folgt, sondern auf Gott hört, so wie im ersten Psalm beschrieben: *„Er ist wie ein Baum, der nah am Wasser gepflanzt ist, der Frucht trägt Jahr für Jahr und dessen Blätter nie verwelken"* (Psalm 1,3).

JUDAS BUMERANG-STAB

In Jakobs Stammbaum ist Josefs Bruder Juda der Zweig, aus dem später der Messias hervorgeht. Genauer gesagt leitet sich das Wort *Jude* von Judas Namen ab. Als Jakob seine Söhne am Ende seines Lebens segnete, sagte er Juda bereits seine messianische Ahnenlinie voraus. Allerdings spielte Jakob in seinem Segen auch auf einen Vorfall in Judas Leben an, der mit Bäumen zu tun hatte.

Jakob sprach nämlich zu ihm: *„Mein Sohn, du bist wie ein junger Löwe ... Juda, immer behältst du das Zepter in der Hand, Könige gehen aus deinem Stamm hervor – bis ein großer Herrscher kommt, dem alle Völker dienen"* (1. Mose 49,9-10).

Das Zepter – ein hölzerner Stab und Symbol des Herrschers – würde Juda nicht verlieren, weil Gott es so geplant hatte. Selbst Juda konnte Gottes Willen nicht untergraben. Auch dann nicht, als er versuchte, seinen eigenen Ast im Stammbaum des Messias abzuschneiden (siehe 1. Mose 38). Er hatte drei Söhne: Er, Onan und Schela. Eine junge Frau namens Tamar heiratete seinen ersten Sohn Er. Dieser führte jedoch ein so verabscheuenswürdiges Leben, dass Gott ihn sterben ließ. Nach den Gesetzen und Gebräuchen der damaligen Zeit stand Tamar nun dem zweitältesten Sohn Onan zu.

Juda vermählte Tamar mit Onan, damit sie einen Sohn zur Welt bringen konnte. Doch Onan weigerte sich, also musste auch er sterben. Juda legte Tamar daraufhin nahe, eine Zeit lang als Witwe zu ihren Eltern zurückzukehren; sobald sein jüngster Sohn Schela ein heiratsfähiges Alter erreicht hätte, würde Juda ihn mit Tamar vermählen. Die Jahre verstrichen und Juda hielt sein Versprechen nicht. Er hatte Angst, auch seinen letzten Sohn noch zu verlieren.

Schließlich starb auch Judas Frau. Nach dem Ende der Trauerzeit brach Juda in eine entfernte Stadt auf, um bei einer Schafscherung zu helfen. Tamar erfuhr von seinem Vorhaben und beschloss, die Sache selbst in die Hand zu nehmen. Sie verkleidete sich als Prostituierte und verschleierte ihr Gesicht. Während sie am Wegrand wartete, kam Juda auf sie zu und wollte mit ihr schlafen. Er versprach, ihr als Bezahlung eine Ziege zu bringen. Als Tamar daraufhin um ein Pfand bat, gab er ihr seinen Gürtel, seinen Siegelring und seinen Wanderstab. Später schickte Juda einen Diener mit der versprochenen Ziege zurück an den Ort, doch die Prostituierte war nirgendwo zu finden. Juda blieb keine andere Wahl, als der Frau sein Pfand zu überlassen.

Es gibt keine Zufälle in der Bibel. Gott verfolgte von Anfang an einen Plan.

Drei Monate vergingen. Da kam Juda zu Ohren, dass seine Schwiegertochter schwanger war. Er beschloss, Tamar hart für ihren Fehltritt zu bestrafen. Als er nach ihr schickte, schickte sie ihm zur Antwort seinen Gürtel, Ring und Stab und ließ verlauten, dass sie das Kind des Mannes in sich trug, der ihr diese Gegenstände als Pfand geliehen hatte. Juda war ertappt.

Der Sohn, den Tamar von Juda empfing, reichte das Zepter weiter. Juda konnte sich selbst dann nicht von seinem Stab befreien, als er ihn weggab. Er kam zu ihm zurück wie ein Bumerang.

Der Name Tamar bedeutet übrigens „Palme". Sie gehört zum Stammbaum von Jesus und wird auch in seiner Ahnentafel im Matthäusevangelium namentlich erwähnt (siehe Matthäus 1,3).

Es gibt keine Zufälle in der Bibel. Gott verfolgte beim Verfassen von Anfang an einen Plan und benutzte Bäume als Wegweiser.

DER BRENNENDE BUSCH

„Die Erde steckt voller himmlischer Begegnungen.
Jeder einfache Busch ist erfüllt von Gottes Herrlichkeit.
Doch nur, wer ihn sieht, zieht seine Schuhe aus.“

Elizabeth Barrett Browning, *Aurora Leigh*

Während meiner Zeit als Mediziner saß ich nur selten im Flugzeug. Das Reisen begann für mich erst, nachdem ich meine ärztliche Tätigkeit aufgegeben hatte und zu Vorträgen über geistliche Themen eingeladen wurde. Eigentlich bin ich eher ein Reisemuffel und würde lieber zu Hause bleiben. Doch das entsprach nicht Gottes Plan, also habe ich gelernt, Freude am Reisen zu finden.

Am liebsten lande ich mit dem Flugzeug in Städten, die nah am Wasser liegen. Wenn sich dann noch Wolken am Himmel abzeichnen, ist das Bild, das sich dann einem bietet, gleich doppelt so schön. Und ein Landeanflug bei Sonnenuntergang ist erst recht unbeschreiblich schön. Doch seit ich häufiger fliege, ist mir ein Trend aufgefallen, der nichts Gutes erahnen lässt: Menschen verlieren die Schöpfung Gottes aus den Augen.

Erst kürzlich flog ich während des Landeanflugs auf Chicago über den Michigansee. Die Sonne ging gerade unter und rotgoldene Quellwolken ragten um uns herum auf. Unter uns kreuzten Schiffe durch das Binnenmeer und hinterließen schimmernd weiße Wellen auf dem Wasser. Und das strahlende Licht der untergehenden Sonne erleuchtete die Kabine des Flugzeugs in orangenen und roten Tönen.

Ich wollte sehen, ob die anderen Passagiere genauso fasziniert waren von diesem Spektakel, und blickte mich um. Doch außer mir hatte niemand den Sonnenuntergang wahrgenommen; mein Fenster war das einzige, das nicht geschlossen war. Einige Passagiere schliefen, aber die meisten schauten auf die Bildschirme vor sich. Dieses Phänomen habe ich in den letzten Jahren immer häufiger beobachtet, während ich flog: Menschen interessieren sich mehr für das, was auf dem Bildschirm passiert als für ihr Umfeld.

Pharao Ramses II. hätte sich vermutlich von Millionen von Sklaven getrennt, nur um einmal fliegen zu können. Und Julius Cäsar hätte vielleicht sogar ganz Gallien für dieses Privileg zurückgegeben.

Stellen wir uns einmal vor, es gäbe nur noch einen einzigen letzten Flug – für immer. Die Flugtickets hierfür wurden drei Jahre im Vorfeld in den Verkauf gehen. Man könnte vermutlich ein ganzes Linienflugzeug für zehn Millionen Dollar oder vielleicht sogar eine Milliarde Dollar pro Sitzplatz füllen – von dem illegalen Weiterverkauf der Karten einmal abgesehen. Es ist leicht, sich den Tumult vorzustellen, der entstehen würde, wenn einen Monat vor diesem allerletzten Flug der Menschheitsgeschichte noch ein Fensterplatz frei würde. Medien würden sich auf die auserwählten Passagiere stürzen, sie interviewen und ausführliche Berichte über sie veröffentlichen. Eine Fernsehserie würde alles dokumentieren.

Eine der schönen Sachen an der Bibel ist, dass Gott uns durch sie gelegentlich Blicke gewährt, die über den Horizont hinausreichen. Die Bibel wurde nicht nur in vielen verschiedenen Literaturgattungen, sondern auch aus vielen verschiedenen Erzählperspektiven geschrieben. Einige davon sind nicht menschlicher Natur. Gott, der Allwissende, schaut aus unzähligen Blickwinkeln auf unser Universum.

Hiob 26,10 beispielsweise beschreibt den Horizont, der die Erde umgibt und Licht und Finsternis voneinander trennt. Erst wir als Generation lernen wohl diesen Satz richtig zu verstehen und zu schätzen. Denn ist es nicht ein Wunder, auf dem einzig uns bekannten Planeten im Universum spazieren zu gehen, auf dem Leben möglich ist?

Nur mal angenommen, wir wären unter einer Kuppel auf dem Mars aufgewachsen … Würden wir dann nicht alles dafür geben, um einmal frei auf Gras zu laufen, in einem See zu schwimmen, in einen Berg voller Laub zu springen, Glühwürmchen zu fangen, Blumen zu riechen oder Schnee schmecken zu können?

Menschen langweilen sich schnell an Dingen, die für sie selbstverständlich sind, selbst wenn es sich hierbei um Wunder handelt. Kein Wunder also, dass wir Gott übersehen.

GOTT BEGEGNET MOSE

Mein Bild eines von der Sonne durchfluteten Flugzeugs lässt sich mit einer der bekanntesten Geschichten in der Bibel vergleichen: Mose vor dem brennenden Busch.

Vierhundert Jahre waren verstrichen, seit Jakob und seine Familie sich in Ägypten niedergelassen hatten. Die Zahl ihrer männlichen Nachkommen war von 70 auf 600.000 angewachsen und das hebräische Volk war mittlerweile unter einem grausamen Pharao versklavt worden. Mose, Sohn hebräischer Eltern, tötete einen ägyptischen Sklaventreiber und floh daraufhin nach Midian. Vierzig Jahre später begegnete Gott dem verbannten Mose durch ein ungewöhnliches Zeichen. Mose hütete gerade eine Herde am Westhang des Berges Horeb, als er etwas Ungewöhnliches erblickte:

> *„Dort erschien ihm der Engel des Herrn in einer Flamme, die aus einem Dornbusch schlug. Als Mose genauer hinsah, bemerkte er, dass der Busch zwar in Flammen stand, aber nicht niederbrannte. ‚Merkwürdig', dachte Mose, ‚warum verbrennt der Busch nicht? Das muss ich mir aus der Nähe ansehen.' Der Herr sah, dass Mose sich dem Feuer näherte, um es genauer zu betrachten. Da rief er ihm aus dem Busch zu: ‚Mose, Mose!' – ‚Ja, Herr', antwortete er"* (2. Mose 3,2-4).

Warum gebrauchte Gott hier einen unscheinbaren Busch? Warum kommunizierte er mit Mose nicht aus einem hoch aufragenden Baum?

Die Szene erinnert mich an einen Vater, der sich hinunterbückt und klein macht, um mit seinem Kind auf Augenhöhe zu sprechen. Immer wieder macht Gott in der Bibel von kleinen Bäumen oder Büschen Gebrauch, um zu Menschen zu reden.

Besonders faszinierend finde ich Moses Reaktion: „Das muss ich mir aus der Nähe ansehen." Schließlich handelte es sich um einen brennenden Busch, keinen Waldbrand. Dennoch erregte Gottes Zeichen Moses Aufmerksamkeit und er ging der Sache nach. Was wäre wohl passiert, wenn er stattdessen auf sein Smartphone gestarrt hätte?

Die Gefahr besteht, dass wir schlichtweg verpassen, was Gott uns zeigen möchte, wenn wir die Herrlichkeit der Schöpfung nicht wahrnehmen und wertschätzen. Gott kann auch durch Bäume zu uns sprechen.

GOTT KANN AUCH DURCH BÄUME ZU UNS SPRECHEN.

Ist es nicht auch bemerkenswert, dass Gott erst zu Mose sprach, nachdem dieser den brennenden Busch bemerkt hatte? Ich denke, das soll uns etwas verdeutlichen: Wenn wir Gott hören wollen, sollten wir auf die Wunder achten, die Gott in unserem Leben vollbringt – selbst wenn wir dafür den Bildschirm ausschalten müssen.

BÄUME ALS ORT DER BERUFUNG

Häufig werden Bäume erwähnt, wenn Gott Menschen in die Nachfolge ruft. In der Bibel beruft er Gideon (siehe Richter 6,11), Nathanael (siehe Johannes 1,48) und Zachäus (siehe Lukas 19,1-6), als sie sich gerade auf, unter oder in der Nähe von Bäumen aufhalten.

Jeanne d'Arc, die Jungfrau von Orléans, vernahm Gottes Stimme, als sie sich im Garten ihres Vaters befand. Augustinus hörte eine Kinderstimme, während er unter einem Feigenbaum saß. Martin Luther begegnete Gott, als er in einem starken Gewitter unter einem Baum Schutz suchte. Und selbst heute noch gebraucht Gott Bäume, wenn er Menschen beruft, ihm zu folgen. In den vergangenen fünfzehn Jahren habe ich mindestens ein Dutzend Menschen kennengelernt, die ihre geistliche Berufung fanden, als sie bei, unter oder auf einem Baum saßen.

Gott sprach aus einem Busch zu Mose. Und genauso, wie dieser schwache Strauch dem Feuer standhielt, werden die, die an Gott glauben, unversehrt durchs Feuer des Todes hindurch ins ewige Leben eintreten.

MOSES STAB UND DIE BÜSCHEL YSOP

Als Mose von Gott den Auftrag erhielt, das hebräische Volk zu befreien, glaubte er nicht, dass der Pharao auf ihn hören würde. Also machte Gott ihn auf einen hölzernen Wanderstab aufmerksam. Dieser Stab des Propheten wird auch als „Stab Gottes" bezeichnet. Ausgerüstet mit ihm kehrten Mose und sein älterer Bruder Aaron nach Ägypten zurück, um sich dem Pharao zu stellen.

Neben dem Stab waren zehn Plagen Gottes notwendig, bis der Pharao die Israeliten endlich ziehen ließ. Doch diese Plagen stellten mehr dar als bloß einen Machtkampf zwischen Mose und Pharao. Vielmehr ist nach 2. Mose 12,12 (*„Ich werde mein Urteil an allen Göttern Ägyptens vollstrecken, denn ich bin der Herr!")* jede einzelne von ihnen anzusehen wie ein Wettstreit zwischen Gott und den Göttern Ägyptens. Gottes Plage der Finsternis löschte das Licht des ägyptischen Sonnengottes Ra aus. Die Frösche waren eine Niederlage für Heket, die Göttin der Fruchtbarkeit. (Im alten Ägypten diente der Frosch hierfür als Symbol.) Die Viehpest besiegte den heiligen Stier Apis sowie die Göttin Hathor und so weiter. Die Magier Ägyptens ahmten die ersten beiden Plagen nach, wodurch der Pharao zunächst unbeeindruckt blieb vom Gott der Hebräer. Doch als dieser Mückenschwärme über das ganze Land schickte, mussten selbst die Magier des Pharaos klein beigeben und eingestehen: „Da hat Gott seine Hand im Spiel" (2. Mose 8,15). Die Macht von ganz Ägypten wurde durch winzige Stechmücken bezwungen.

Als der Pharao einmal mehr sein Versprechen brach, die hebräischen Sklaven aus Ägypten ziehen zu lassen, wies Gott sein Volk an, das erste Passahmahl zu feiern. Jeder hebräische Haushalt sollte ein Lamm schlachten und für den Abend zubereiten. Vorher sollten die Hebräer je ein Büschel der Pflanze Ysop in das Blut des Lammes tauchen und damit ihre Türrahmen bestreichen, um von Gottes Strafe verschont zu bleiben (siehe 2. Mose 12.22).

Diese Kombination aus Blut und Holz sollte die Befreiung bedeuten für ein versklavtes Volk. Und in dieser besonderen Nacht des Passahfestes aßen die Hebräer das Lamm in ernster und erwartungsvoller Stille, während Gott alle erstgeborenen Söhne Ägyptens sterben ließ.

Was für eine schreckliche Nacht! Am Morgen lagen Hunderttausende von ägyptischen Jungen tot in ihren Betten, auch der Sohn des Pharaos. Da wollten die Ägypter nichts mehr mit den Israeliten zu tun haben. In Reih und Glied machten sich die 600.000 Männer zusammen mit ihren Frauen, Kindern und ihrem Vieh auf den Weg und verließen Ägypten. Sie nahmen auch den Sarg mit Josefs sterblichen Überresten mit (siehe 2. Mose 13,18-19). Das Blut des geopferten Lammes auf ihren hölzernen Türrahmen hatte das hebräische Volk vor dem Tod gerettet.

DER STAB GOTTES

Schließlich erreichten die Hebräer das Ufer des Roten Meeres (siehe 2. Mose 14). Doch der Pharao und seine gepanzerten Streitwagen waren ihnen dicht auf den Fersen. Unbewaffnet wie sie waren, gerieten sie in Panik. Doch Mose streckte seinen Stab aus über dem Meer und das Wasser teilte sich. Die Stämme Israels konnten trockenen Fußes das Rote Meer durchqueren.

Nachdem das Volk das Meer durchquert hatte, streckte Mose seine Hand noch einmal aus und die Wassermassen schlugen wie zwei einstürzende Mauern über dem ägyptischen Heer zusammen. Die Ägypter müssen fassungslos gewesen sein, als sich diese dramatische Nachricht wie ein Lauffeuer im ganzen Land verbreitete! Nicht nur ihr König war plötzlich tot. Nein. Auch sein Leichnam war unauffindbar. Wenn man bedenkt, dass ein Pharao sich gewöhnlich jahrzehntelang auf seine Reise ins Jenseits vorbereitete, bekommt man eine Ahnung davon, wie verheerend die Niederlage für die Ägypter gewesen sein musste. Denn ohne Leichnam konnte ein Toter nicht mumifiziert werden und somit auch nicht die Reise ins Jenseits antreten. Umso paradoxer ist es, dass die Israeliten den 400 Jahre alten Leichnam von Josef durchs Rote Meer tragen und im Gelobten Land beisetzen konnten.

SÜßWASSER

Die Reise der Israeliten führte in die Wüste. Drei Tage lang fanden sie kein Wasser und die Leute beklagten sich bei Mose. Als sie schließlich eine Quelle erreichten, war das Wasser ungenießbar. Mose flehte zu Gott und wurde von ihm auf ein Stück Holz aufmerksam gemacht. *„Als er es ins Wasser warf, wurde das Wasser süß“* (2. Mose 15,25; EÜ). Mit anderen Worten: Es wurde genießbar. Plötzlich gab es genug Trinkwasser für alle.

Dieses Stück Holz deutet bereits auf das Kreuz von Jesus Christus hin. Jesus ist wie ein Baum, der ungenießbares Wasser in eine Quelle des Lebens verwandelt.

Vielleicht hört es sich für Sie völlig absurd an, Wasser mithilfe eines Holzstücks trinkbar zu machen. Heute drehen wir dazu einfach den Wasserhahn auf. Vielleicht besitzen Sie auch einen dieser modernen Kühlschränke mit integriertem Wasserspender. In diesem Fall drücken Sie einfach gegen den Hebel vorne an der Kühlschranktür und sofort strömt ein Strahl, frisches, kühles Wasser in Ihr Glas. Gekühlt wird das Wasser durch die Verdichtung und Ausdehnung von Gasen. Mose wäre das alles völlig fremd gewesen. Doch eine Gemeinsamkeit besteht: Hinten im Kühlschrank befindet sich ein Wasserfilter. Und seltsamerweise ist in diesem Filter Holz enthalten – Aktivkohle. In Form von Holzkohle machen Bäume also auch heute noch Wasser „süß“, sprich: genießbar. Und wir dürfen einmal mehr erkennen: Gott gebraucht Bilder, die selbst in Zeiten von strombetriebenen Geräten nicht ihre Gültigkeit verlieren.

JEUS IST WIE EIN BAUM, DER UNGENIESSBARES WASSER IN EINE QUELLE DES LEBENS VERWANDELT.

DIE PALMENOASE

Die Israeliten zogen weiter und erreichten den Ort Elim, was auf Hebräisch für „Palmen" steht. Es war *„eine Oase mit zwölf Quellen und siebzig Palmen"* (2. Mose 15,27). Beide Zahlen sind hier von besonderer Bedeutung: Siebzig Angehörige von Josef kamen ursprünglich nach Ägypten und zwölf Stämme Israels waren mit Mose unterwegs.

Palmen wurden fortan mit Juda und dem hebräischen Volk verbunden. Als der römische Kaiser Vespasian im Jahr 70 n. Chr. Judäa besiegte, ließ er eine Münze prägen, auf der Judäa als Frau dargestellt war, die weinend unter einer Dattelpalme saß.

Nach ihrem erneuten Aufbruch mussten die Israeliten wieder drei Tage lang ohne Wasser auskommen. Es kam zu einem Aufstand gegen Mose. Die Leute wollten ihn steinigen. Wieder aber flehte Mose zu Gott, der ihn daraufhin anwies:

> *„Ruf einige von den Sippenoberhäuptern Israels und geh mit ihnen dem Volk voran! Nimm dabei den Stab in die Hand, mit dem du in den Nil geschlagen hast! Du wirst sehen, dass ich dich am Berg Horeb erwarte und dort vor dir auf einem Felsen stehe. Schlag mit dem Stab an diesen Felsen! Dann wird Wasser aus dem Stein herausströmen, und das Volk kann trinken" (2. Mose 17,5-6).*

Mose schlug mit dem Stab ein einziges Mal gegen den Felsen und sofort sprudelte Wasser heraus.

Wenig später griffen die Amalekiter – die Nachkommen Esaus – Mose und sein Volk an. Um die Angreifer zurückzuschlagen, ernannte Mose Josua zum Heeresführer. Während der Schlacht stand Mose auf einem Hügel und betete, in seiner Hand hielt er ausgestreckt seinen Stab und sorgte so für den Sieg (siehe 2. Mose 17,8-13).

Die Geschichte, in der Mose mit seinem Stab an den Felsen schlägt, befindet sich im zweiten Buch der Bibel, noch ganz am Anfang. Bereits hier zeigt sich aber ein gewisses Muster in der Beziehung zwischen Gott, Bäumen und Menschen. Eigentlich ist es nahezu offensichtlich und doch übersehen es viele Bibelleser: Adam und Eva wurden in einen Garten voller Bäume gebracht und angewiesen, sich um die Bäume zu kümmern. Stattdessen aßen sie vom falschen Baum, während der Baum des Lebens ihnen verwehrt wurde. Sie wurden aus dem Garten verbannt. Zehn Generationen später baute ein Mann namens Noah eine Arche aus riesigen Baumstämmen. Am Ende der Sintflut landete eine Taube auf der Arche, im Schnabel das Blatt eines Ölbaums. Abermals zehn Generationen später erschien Gott Abraham unter einem Baum und Abrahams Sohn Isaak wurde gerettet durch einen Widder, der sich in einem Gestrüpp verfangen hatte.

Abrahams Enkel Juda gab einen Ast (seinen Stab) als Pfand, und Josef, ein weiterer Enkel Abrahams, wurde mit einem Baum verglichen. Und schließlich begegnete Mose Gott in einem brennenden Busch und ging mit einem Wanderstab zum Pharao, der aus dem Ast eines Baumes gefertigt war. Mose benutzte diesen Stab, um das Rote Meer zu teilen, das Wasser in der Wüste in Trinkwasser zu verwandeln und Josuas Heer den Sieg zu sichern. Wie wir in den kommenden Kapiteln noch feststellen werden, wird diese Verbindung zwischen Gott, Bäumen und dem Evangelium mit der Zeit noch intensiver.

DER SCHÖPFUNGSAUFTRAG

Lassen Sie uns einmal innehalten und kurz über die Aufgabe nachdenken, die Gott uns gegeben hat: In 1. Mose 2,15 gibt Gott dem Menschen den Auftrag, sich um die Schöpfung zu kümmern. Und ähnlich wie sich in der Bibel im Vorkommen der Bäume ein Muster erkennen lässt, so erstreckt sich auch unsere Aufgabe, die Schöpfung zu bewahren, von 1. Mose bis zur Offenbarung. „Dem Herrn gehört die ganze Welt und alles, was auf ihr lebt", heißt es in Psalm 24,1, was einer Unterschrift Gottes auf der Besitzurkunde der Erde gleichkommt.

Die Erde und alles, was auf ihr existiert, gehört Gott, nicht uns. Als Gottes Verwalter ist uns zwar Macht übertragen worden, aber sie bringt auch eine gewaltige Verantwortung mit sich.

Angenommen, ein Freund leiht uns sein neues Auto aus. Würden wir es ihm mit Zigarettengeruch, Flaschen auf dem Rücksitz und einer eingedellten Tür zurückgeben? Wohl kaum. Zumindest nicht, wenn wir auch nur einen Hauch Anstand und Respekt hätten. Eher würden wir das Auto mit einem vollen Tank und frisch gewaschen zurückbringen.

Genauso sollten wir die uns anvertraute Erde von einer Generation zur nächsten in einem genauso guten oder besseren Zustand weiterreichen, wie wir sie erhalten haben. Wir leihen uns die Erde bloß aus; Gott ist ihr rechtmäßiger und fortwährender Besitzer.

Und Gott letztlich ist der Urheber allen Lebens. Somit sollten auch wir als die Krone seiner Schöpfung uns verantwortungsbewusst um alles kümmern, was das Leben gedeihen lässt.

Bäume fördern das Leben gleich in mehrfacher Hinsicht: Sie reinigen die Luft und können selbst 500 Kilometer landeinwärts für einen Regenschauer sorgen. Bäume bieten mehr als der Hälfte aller Landtiere Heimat. Sie schenken uns Nahrung und spenden uns Schatten. Sie gehören zu den ersten Dingen, die Kinder malen können. Und sie versorgen uns sogar mit Köstlichkeiten wie Schokolade, genauer gesagt Kakao. Bäume versüßen uns in vielerlei Hinsicht das Leben.

Als von Gott eingesetzte Verwalter liegt es an uns, dass die Erde dem Himmel ähnlicher wird (siehe Matthäus 6,10 – *„dein Reich komme – wie im Himmel so auf Erden“*). Wir sollten uns daher fragen: Was entspricht mehr unserer Aufgabe: Bäume zu pflanzen oder Bäume zu vernichten? Oder anders gefragt: Was bringt eher den Himmel auf die Erde? Bäume zu pflanzen oder sie zu zerstören?

Indem wir Bäume pflanzen und sie beschützen, kommen wir unserem Gott gegebenen Auftrag aus 1. Mose 2,15 nach, gute Verwalter der Erde zu sein.

DER TAG DES GERICHTS

Eines Tages wird Jesus auf die Erde zurückkehren. Wer klug ist, hat eine gesunde Ehrfurcht vor diesem Tag (siehe Amos 5,18). Wir alle wissen, dass wir uns durch verschiedenste Vergehen schuldig gemacht haben. Die Bibel beschreibt sogar, wie Menschen sich am Tag des Gerichts unter Felsen und in Höhlen verstecken, weil sie sich vor Gottes Zorn fürchten werden (siehe Jesaja 2,19; Offenbarung 6,16).

Diejenigen aber, die gerecht vor Gott sind, werden am Tag des Gerichts das Gegenteil tun. Sie werden vor Freude jubeln.

Der lang ersehnte Tag steht endlich an und ein rechtschaffener Richter führt die Verhandlung. Sie wissen schon, wie die Entscheidung ausfallen wird (siehe 1. Chronik 16,33; Psalm 96,12-13). Dieser Richter ist unbestechlich, sein Urteil steht fest. Gottes Gericht entscheidet zugunsten der Gerechten, sie gewinnen die Verhandlung.

Unterstrichen wird dieser Urteilsspruch durch Offenbarung 11,18:

„Die Völker haben sich im Zorn gegen dich aufgelehnt. Darum trifft sie jetzt dein Zorn. Die Zeit des Gerichts ist gekommen, und die Toten wirst du richten. Allen wirst du ihren Lohn geben: deinen Dienern, den Propheten, und ebenso allen, die dir gehören und Ehrfurcht vor dir haben, den Großen wie den Kleinen. Aber die unsere Erde ins Verderben gestürzt haben, wirst du vernichten."

Am Tag des Gerichts wird Gott die Zerstörer der Erde zerstören.

STAUNEN LERNEN

„Aber was ist, wenn mich Bäume einfach nicht interessieren?", werden Sie vielleicht fragen. Gottes Wege sind nicht immer unsere Wege. Viele Aspekte von Gottes Charakter, einschließlich seiner Vorlieben und Abneigungen, widersprechen dem natürlichen Wesen der Menschheit. Ich musste in der Tat hart arbeiten, um Dinge in meinem Leben und in meinem Charakter zu ändern, die mir nicht einfach so in den Schoß fielen. Manchmal müssen wir aber einfach mal eine Sache anpacken, bis wir es schaffen, wenn es darum geht, Dinge auf Gottes Art und Weise zu tun.

Sollten Sie Bäume also tatsächlich nicht interessieren, lautet mein Rat: Fangen Sie klein an! Pflanzen Sie mal einen Samen oder setzen Sie einen Keimling. Gießen Sie ihn! Pflegen Sie ihn! Ziehen Sie ihn groß! Sie werden überrascht sein, was passieren wird. Sie werden anfangen, die Welt mehr so zu sehen, wie Gott es tut vom Himmel aus.

Ich glaube, wir können unserer Aufgabe als gute Verwalter der Schöpfung nicht gerecht werden, solange wir nicht unsere Augen, unsere Gedanken – und manchmal auch die Blende am Flugzeugfenster – öffnen, um die Dinge aus Gottes Perspektive zu sehen. Wir brauchen also nicht mehr Wunder; wir müssen nur wieder das Staunen lernen.

DER GÄRTNER ISRAELS

„Auch die Bäume im Wald sollen jubeln,
wenn der Herr kommt. Ja, er kommt,
um die Welt zu richten."

1. CHRONIK 16,33

Lange bevor der Mensch von der Landwirtschaft leben konnte, gab Gott bereits Richtlinien zum Wohle der Menschen wie auch des Bodens. Beispielweise sollten die Früchte neu gepflanzter Obstbäume in den ersten drei Jahren nicht geerntet werden (siehe 3. Mose 19,23). Das wird auch heute noch so in der Landwirtschaft gehandhabt. Des Weiteren sollte nach der Ernte keine Nachlese der Früchte stattfinden, damit noch genug für bedürftige Menschen übrig blieb (siehe 5. Mose 24, 20-21). Darüber hinaus sollte alle sieben Jahre überhaupt nichts geerntet werden, damit der Boden sich erholen konnte (siehe 3. Mose 25,3-4).

Was wird daraus deutlich? In der Bibel geht es nicht so sehr um schnellen Profit, sondern um Nachhaltigkeit. Die Welt mehr aus Gottes Perspektive zu sehen, tut Bäumen und

Menschen gleichermaßen gut. Und eine göttliche Perspektive weitet den Blick.

GRÜNDERVATER EINER NACHHALTIGEN LANDWIRTSCHAFT

Gott gab den Israeliten eine weitere wichtige Anweisung mit: Sie sollten keine Obstbäume fällen, auch nicht in schlimmsten Notlagen wie etwa im Krieg. „Oder wollt ihr etwa auch gegen die Bäume kämpfen?", fragte Gott rhetorisch (5. Mose 20,19). Die meisten Experten stimmen darin überein, dass abgeholzte Gebiete wie Haiti oder Subsahara-Afrika erst von der Armut befreit werden können, wenn sie wieder aufgeforstet und die bestehenden Bäume geschützt werden.

Die uralten Landwirtschaftsprinzipien der Bibel gelten also immer noch. Und wer demnach Bäume pflanzt, der baut sich keine eigene Existenz auf, sondern steigt in Gottes Geschäft mit ein. Wie sehr unterscheidet sich das vom Ansatz derer, die Gott, die Tierwelt und das Wohl zukünftiger Generationen vollkommen missachten.

Ein anderes biblisches Gebot verbietet, ein Feld komplett abzuernten (siehe 3. Mose 23,22). Die Bauernhöfe, die ich aus meiner Kindheit kenne, besaßen selten mehr als einen Quadratkilometer Land, teilweise sogar viel weniger. Dieses Land war zudem unterteilt in Felder, Weiden, Scheunen, das eigene Grundstück mit dem Bauernhaus, Pachtflächen und kleine Waldungen, die jeweils höchstens zwölf Hektar groß waren. Getrennt wurden die Bereiche durch Zäune und Hecken, die häufig einen drei Meter breiten Streifen unbebauten Bodens bildeten. Zusammengenommen ergab diese Fläche viele Hektar Land. In Teilen Europas und auf Bauernhöfen im Osten der Vereinigten Staaten prägt dieses Bild noch immer die Landschaft.

Das Erosionsgebiet in den USA, das in den 1930er-Jahren entstand und als „Dust Bowl" (Staubschüssel) bekannt ist, kann als eine Folge davon gesehen werden, dass diese Zäune und Hecken entfernt und kleine Ländereien zu immer größeren Landgütern zusammengelegt wurden. Ohne die natürlichen Barrieren am Rand der bebauten Felder gab es nichts, was die Erosion stoppen und das ablaufende Wasser zurückhalten konnte. Während dieser Zeit pflanzte die Regierung in den Trockengebieten nahezu eine Viertelmilliarde Bäume, um den Schaden für die Landschaft zu minimieren, der durch die Rodungen, fehlende Umzäunungen und die landwirtschaftliche Nutzung entstanden war.

Wer noch nie an einem Feldrand entlangspaziert ist, hat keine Vorstellung davon, wie vielfältig das Leben dort ist. Es ist die Heimat von Spatzen wie Nagetieren. Finken bauen dort ihre Nester. Hasen suchen dort Schutz, nachdem das Heu gemäht wurde. Dieser Bereich trägt viel zu der Fülle und Schönheit des gesamten Landstriches bei.

Selbst ein scheinbar kahles Feld steckt voller Leben. Im Herbst landen darauf ganze Schwärme von Zugvögeln, um sich auszuruhen und das Getreide aufzupicken, das der Mähdrescher hat liegen gelassen. Keine Farbkombination ist so schön wie flachs-goldene Kornstängel vor einem Hintergrund aus Schnee bei Sonnenuntergang. Stellen Sie sich dazu noch ein solches Feld mit Bäumen vor und es ist fast perfekt.

Gott ist spürbar nahe auf Feldern wie in Wäldern. Leider hat mir das als Kind niemand gesagt. Als ich geboren wurde, bewegte man sich theologisch bereits davon weg, Gott in der Natur zu suchen. Und in den Predigten hörte ich nichts davon, wie Gott sich im Grunde um die Pfirsich-, Birn- und Apfelbäume in meiner unmittelbaren Umgebung sorgte (5. Mose 20,19).

DIE SCHÖPFUNG STATT DEN SCHÖPFER ANBETEN

Menschen haben die Gewohnheit, fast alles anzubeten: Comicfiguren, Essen, Drogen, Autos – sogar Tiere. Und als Mose damals mit Gottes Geboten in den Händen den Berg Sinai hinabstieg, fand er ein Volk vor, das ein Goldenes Kalb anbetete. Mose schmolz das Kalb ein *„und zerrieb es zu Staub; den Staub streute er ins Wasser und gab es den Israeliten zu trinken“* (2. Mose 32,20). Er war stinksauer und sagte mit dieser Geste im Grunde: „Ihr wollt euren glitzernden Kuhgott zurückhaben? Dann fischt ihn euch gefälligst aus eurem eigenen Mist heraus!“

Mir ist einmal unter Christen folgende Sorge zu Ohren gekommen: „Wenn wir uns um Gottes Schöpfung kümmern und sie schützen, geben wir uns dann nicht der Gefahr hin, Bäume anzubeten?“ – Natürlich kann es auch vorkommen, dass Menschen Bäume anbeten. Menschen können so ziemlich alles anbeten; Bäume sind da keine Ausnahme. Allerdings können derartige Bedenken uns schnell von einem verantwortungsvollen Handeln abhalten – und genau das ist es, was der Teufel möchte. Er gewinnt fast so viel dadurch, uns im Handeln zu lähmen, wie dadurch, uns zu falschem Handeln zu bewegen. Doch Bäumen Beachtung zu schenken, macht uns genauso wenig zu Götzendienern, wie eine Schüssel Reis ein hungerndes Kind in die Fressgier treibt.

Vielleicht sollte man sich eher die Frage stellen, warum Menschen überhaupt etwas anderes anbeten wollen als Gott. Die Antwort ist ganz einfach: Wir sind zum Lobpreis geschaffen. Wir haben in dieser Angelegenheit keine Wahl. Die einzige Wahl, die wir haben, ist auszuwählen, was wir anbeten.

> UNSERE SEELE „FUNKTIONIERT“ NUR, WENN SIE MIT GOTT IN VERBINDUNG IST.

Unser menschlicher Körper wird durch Sauerstoff und Energie angetrieben. So funktioniert er. Unsere Seele aber „funktioniert“ nur, wenn sie mit Gott in Verbindung ist.

Die Seele hat ebenso wenig die Fähigkeit, sich aus diesem Arrangement zu befreien, wie der menschliche Körper, den Atemsauerstoff aufzugeben. Natürlich wäre es einfacher, wenn unser Körper mit Stickstoff „funktionieren“ würde. Die Atmosphäre enthält dreimal so viel davon, und es ist sicherer damit umzugehen als mit Sauerstoff. Aber Sauerstoff ist nun mal der Stoff, der unseren Stoffwechsel in Gang bringt.

Ähnlich verhält es sich bei unserer menschlichen Seele: Sie braucht zum Überleben eine Beziehung zu etwas, das größer ist als sie selbst. Dieses Etwas ist Gott. Und gleichzeitig sind wir als Menschen in der Lage, eigenständig zu entscheiden, wem oder was wir unsere seelische Zuneigung schenken. Diese Fähigkeit definiert uns genauso, wie es uns von allen anderen Geschöpfen auf der Erde unterscheidet. Unsere Seele braucht unbedingt diese Verbindung mit Gott. Bäume, andere Menschen und selbst Haustiere dienen da nur als Ersatz (siehe 2. Könige 17,33).

Insofern stimmt es, dass manche Menschen Bäume statt Gott anbeten. Doch vermutlich kommt es noch viel häufiger vor, dass Menschen *neben* Gott noch andere Götzen anbeten. Was ich damit sagen will? Ich bin in den letzten zehn Jahren vielleicht einer Handvoll Menschen begegnet, die Bäume anbeten, doch ich habe Hunderte von Polytheisten kennengelernt, die eine Vielzahl an Göttern verehren. Sie gehen sonntags in den Gottesdienst, solange sie keinen wichtigeren Gott anzubeten haben. Dieser andere Gott hat aber nichts mit der Anbetung von Bäumen zu tun. Er ist das moderne Gegenstück zu Baal, nur dass er heute *Ball* geschrieben wird.

EIN LAND FINDET RUHE

Kehren wir zurück zu Mose. Er hatte das hebräische Volk an die Schwelle des Gelobten Landes geführt. Josua wurde sein Nachfolger und führte das Volk über den Jordan. Und am Ende seines Lebens warnte Josua die Israeliten davor, anderen Göttern zu dienen. Sie sollten die heidnischen Religionen der umliegenden Kanaaniter meiden. „Werft alle Götzenfiguren weg, die ihr noch besitzt. Wendet euch von ganzem Herzen dem Herrn, dem Gott Israels, zu!", schärfte Josua ihnen ein (Josua 24,23). Anschließend platzierte er einen Stein unter einer Eiche als Erinnerung dafür, nicht auf Abwege zu geraten (siehe Josua 24,26).

Josua war weit davon entfernt, Bäume anzubeten. Er bekannte vielmehr: *„Ich aber und mein Haus, wir wollen dem Herrn dienen!"* (Josua 24,15; SCHL). Doch letztlich guckte er sich einen Baum aus, unter den er einen Stein legte, um das Volk an seine Warnung zu erinnern.

Nach Josuas Tod begann eine Zeit, in der Israel von Richtern geführt wurde – so auch die Prophetin Debora, die das Richteramt innehatte. Könige regierten zu dieser Zeit nicht, also lagen die Befehlsmacht, das Parlament und der Oberste Gerichtshof in der Hand einer Person. Und Gottes Thora war die Verfassung wie das Grundgesetz.

Debora entschied über Rechtsfälle unter einer Palme. Zusammen mit ihrem Heerführer Barak gelang Debora der Sieg gegen den feindlichen Heerführer Sisera. Nach der gewonnenen Schlacht sangen Debora und Barak ein Danklied zur Ehre Gottes, das im fünften Kapitel des Richterbuchs nachzulesen ist.

Das Kapitel endet mit einem bemerkenswerten Schlusssatz: *„Dann hatte das Land vierzig Jahre lang Ruhe"* (Richter 5,31; EÜ). Das muss man sich einmal vorstellen: *Das Land ruhte vierzig Jahre lang!* Hätte ich eine Zeitmaschine, würde ich diese vierzigjährige Ruhepause gerne einmal besuchen. Im Gelobten Land herrschte Frieden. Jeder lebte von seiner eigenen Ernte und pflanzte neue Bäume für die nächste Generation. Familien lebten im Einklang miteinander. Abends bestaunte man gemeinsam den Sonnenuntergang und die Kinder jagten Glühwürmchen nach. Keiner musste sich Sorgen um die Kinder machen, weil jeder auf sie aufpasste. – So stelle ich es mir jedenfalls vor.

Solche Friedenszeiten sind selten. Und was am Ende diesen Frieden beendete, war weder ein einfallendes Heer noch eine Seuche oder Dürre, sondern vielmehr das unbeständige Herz eines Menschen. Ein Herz, das Gott vergessen hatte.

WENN FREMDE GÖTTER VEREHRT WERDEN

Nachdem Deboras Amtszeit als Richterin vorbei war, taten die Israeliten, was in Gottes Augen böse war: Sie beteten den Gott Baal und dessen Gemahlin Aschera an. Die hebräische Gesellschaft und ihre Kultur gerieten erneut ins Wanken.

Heutzutage meinen viele Menschen, alle Religionen seien im Grunde gleich. Doch die Geschichte beweist uns das Gegenteil. Wir brauchen nur die Bibel aufzuschlagen, schon sehen wir, was passierte, als Menschen sich von Gott ab- und einem Götzenbild zuwendeten.

Damals wurden Götter meist als Experten für ein Fachgebiet oder einen Lebensbereich verstanden. Poseidon beispielsweise beherrschte angeblich das Meer, Hestia war für die Feuerstelle, den Herd, verantwortlich. Baal war der Gott der Wolken und des Windes, während seine Frau Aschera eine Fruchtbarkeitsgöttin war. Die Bibel spricht von „Holzpfählen", die für Aschera aufgestellt wurden. Damit sind Totempfähle an geweihten Orten gemeint, die einen sogenannten heiligen Hain bildeten – dieser bestand folglich aus Bäumen.

Sucht man im Internet oder in Büchern nach Baal und Aschera, so muss man sich auf viele verschiedene Informationen gefasst machen. Die Götter des 13. Jahrhunderts vor Christus waren ein undurchsichtiger Haufen. Denn genau wie die Römer die griechischen Götter umbenannten (aus Zeus wurde Jupiter), so erhielten auch die Götter der Ägypter, Kanaaniter und der umliegenden Kulturen jeweils andere Eigenschaften, Namen und Beziehungen untereinander, da sie von diversen Kulturen übernommen und einfach angepasst wurden. Vieles von dem, was wir über sie zu wissen scheinen, ist kaum mehr als eine Spekulation. So wurde bis heute kein Aschera-Pfahl gefunden, wohl aber kleine menschliche Knochenreste. Offenbar wurden also bei der Anbetung von Baal und Aschera Kinder geopfert.

Der Prophet Jeremia beschrieb die Abscheu Gottes über diese Kindesmorde, die das Tal bei Jerusalem „mit dem Blut unschuldiger Menschen" tränkten: *„Für den Gott Baal haben sie Opferstätten errichtet, wo sie ihm ihre Kinder verbrennen. Niemals habe ich so etwas befohlen, nie davon gesprochen, ja, nicht einmal daran gedacht!"* (Jeremia 19,4-5).

Da Baal nun als Gott der Wolken und Aschera als Göttin der Fruchtbarkeit angesehen wurden, würde da in Zeiten der Trockenheit und Dürre, ein Opfer für beide Götter nicht einen doppelten Effekt haben und sowohl Regen als auch furchtbares Land schenken? Doch wer meint, alle Religionen führten ans gleiche Ziel, für den kann die Auseinandersetzung mit religiösen Praktiken wie Kindesopfern ernüchternd sein.

Als Arzt brachte ich viele Kinder zum Weinen. Ich musste intravenöse Injektionen verabreichen, Wirbelsäulen punktieren und Knochen richten. Natürlich taten die Eltern, das Pflegepersonal und ich unser Bestes, dem jeweiligen Kind zu helfen. Nun stellen Sie sich vor, das Wohl des Kindes wäre nicht an erster Stelle gewesen. Stellen Sie sich vor, das Kind wäre bei lebendigem Leib verstümmelt und verbrannt worden.

Im Altertum waren Kindsopfer ein wesentlicher Bestandteil der Anbetung Baals, um ihn besonders in Zeiten der Not zu beschwichtigen. Doch je länger die Opferzeremonie anhielt, desto lauter erklangen die Schreie des Kindes. Archäologische Ausgrabungen bezeugen solche Gräueltaten.

Tragischerweise werden auch heute noch in einigen Ländern Menschen geopfert. Das Land Uganda besitzt sogar eine spezielle Einsatztruppe, um gegen Menschenopfer und Menschenhandel vorzugehen. Erst kürzlich berichtete eine Mutter aus Uganda davon, dass der Leichnam ihres achtjährigen Sohnes in einem Sumpfgebiet gefunden wurde. Seine Zähne, Ohren und Genitalien fehlten. Er war von einem Medizinmann geopfert worden – vermutlich um die Götter dazu zu bewegen, es regnen zu lassen. Gottes Gebot gegen die Anbetung von Götzen hat Konsequenzen im wahren Leben.

GIDEONS BERUFUNG

So auch beim Volk Israel: Da die Israeliten sich Baal zuwandten, zog Gott seine schützende Hand von ihnen zurück. Daraufhin wurde das Volk sieben Jahre lang von den Midianitern unterdrückt, die das Land langsam ausbluten ließen. Während der Erntezeit fielen sie immer wieder ein und raubten dem Volk die Nahrungsmittel.

Zu dieser Zeit wählte Gott aber einen Mann aus, der nun wahrlich kein Verehrer von Bäumen war. Doch als Gott zu ihm sprach, befand er sich – wie könnte es anders sein – unter einem Baum.

Die Geschichte mit Gideon nahm ihren Anfang im Bergland, das im alten Israel vom Stamm Manasse bewohnt wurde. Aus Angst vor den feindlichen Midianitern drosch Gideon sein Getreide heimlich in einer Weinpresse im Schatten eines Baumes. Als er aufblickte, sah er plötzlich einen Engel, der zu ihm sprach: *„Der Herr steht dir bei, du starker Kämpfer!"* (Richter 6,12). Der Engel redete zu ihm, während er auf einer Wurzel am Fuße eines uralten Baumes saß. In seiner Hand hielt der Engel einen hölzernen Stab. Gideon erhielt von Gott den Auftrag, Israel von den Midianitern zu befreien. Er hatte keine Ahnung, wie er das bewerkstelligen sollte, schließlich gehörte er zur schwächsten Familie seines Stammes und war der Jüngste unter seinen Brüdern. Doch der Herr versprach ihm: *„Ich stehe dir bei!"* (Richter 6,16).

In der folgenden Nacht erhielt Gideon von Gott die Anweisung, den Pfahl der Göttin Aschera niederzureißen und den Baal-Altar seines Vaters zu zerstören. Im Schutz der Dunkelheit führte Gideon Gottes Plan aus.

Am nächsten Morgen entdeckten die Nachbarn die kläglichen Überbleibsel des heidnischen Altars. Als die Ortsbewohner herausfanden, dass Gideon dahintersteckte, wollten sie ihn steinigen. Doch Gideons Vater trat für seinen Sohn ein: *„Wenn Baal wirklich ein Gott ist, dann soll er sich doch selbst dafür rächen, dass sein Altar zerstört worden ist"* (Richter 6,31). Dieses Ereignis stellte einen Wendepunkt in Gideons Beziehung zu Gott und seinem Volk dar. Wenig später wurde Gideon mit dem Geist des Herrn erfüllt. Er blies in ein Widderhorn und versammelte so bewaffnete Männer aus vielen Stämmen um sich. Sie alle waren bereit, ihm zu folgen.

DIE WOLLE UNTER DEM BAUM

Bevor er in den Krieg zog, bat Gideon allerdings Gott um ein Zeichen. Er wollte sich vergewissern, nach Gottes Plan zu handeln: *„Bitte gib mir ein Zeichen, dass du Israel wirklich durch mich befreien willst, wie du es angekündigt hast. Ich lege frisch geschorene Wolle auf den Dreschplatz. Lass doch morgen früh die Wolle* *vom Tau nass sein, den Boden ringsum aber trocken! Dann weiß ich, dass du Israel durch mich retten möchtest, wie du es gesagt hast"* (Richter 6,36-37).

Gideon legte also die Wolle unter den Baum. Am Morgen war der Boden trocken, die Wolle jedoch vollkommen durchnässt. Noch immer war er unsicher, bat den Herrn um Nachsicht und kehrte die Bedingungen um: *„Ich möchte es nur noch dies eine Mal mit der Wolle versuchen. Lass sie trocken bleiben und den ganzen Boden nass vom Tau sein"* (Richter 6,39). Am darauffolgenden Morgen war die Wolle trocken und der Boden durchnässt.

PURA, DER „AST"

Auf Gottes Anweisung hin schlich sich Gideon nachts zusammen mit seinem Diener Pura ins midianitische Lager. Dort belauschten sie den Feind und erfuhren, dass die Midianiter Angst hatten, und zwar vor Gideon.

Gideon teilte daraufhin seine dreihundert Männer in drei Gruppen ein und vereinbarte mit ihnen ein Signal. Sie umringten das feindliche Lager, bliesen alle auf einmal in ihre Hörner und zündeten Lampen an. Im Lager brach anschließend eine Panik aus, wodurch im Dunkeln der Feind über sich selbst herfiel (siehe Richter 7,9-23).

Interessant ist der Name des Dieners, den Gideon mit sich ins Lager nahm. Pura bedeutet nämlich „Ast" beziehungsweise „Zweig".

WO BÄUME SIND, DA IST LEBEN

Lange bevor man herausfand, dass Bäume für Sauerstoff sorgen, benutzte Gott sie schon als Symbol für das Leben. Bäumen verdanken wir Essen, Wasser, Schutz und Kleidung. Sie tragen sowohl lokal als auch weltweit zum Klima bei. Sie spenden uns Schatten und sind schön anzusehen. Und bis vor zweihundert Jahren wurde im Winter größtenteils mit Holz geheizt. Ohne Bäume wäre das Leben auf der Erde gar nicht möglich.

> OHNE BÄUME WÄRE DAS LEBEN AUF DER ERDE GAR NICHT MÖGLICH.

Das Leben ist auch der Grund, weshalb Gott selbst – in einer Welt, in der Kinder Aschera und anderen Götzen geopfert wurden – Gideon unter einem Baum seine Berufung gab.

Und weil es in dieser Geschichte letzten Endes ums Leben geht, hat Gott eine Gruppe von Menschen, die nach Gideon benannt ist, dazu auserkoren, seine Geschichte weiterzuerzählen und weltweit Bibeln in fast jedes Hotelzimmer und Krankenhaus zu legen.

Ich danke dir, Gideon, für das, was du getan hast.

DER BAUM DER HOFFNUNG

„Für einen Baum gibt es immer noch Hoffnung, selbst wenn man ihn gefällt hat; aus dem Stumpf wachsen wieder frische Triebe nach.“

Hiob 14,7

Jeder findet es bedauerlich, wenn ein prachtvoller Baum durch einen Sturm entwurzelt wurde. Besonders traurig ist es, wenn es sich um einen alten, sehr vertrauten Baum handelt. Bei uns Menschen verhält sich das mitunter anders. Freuen wir uns nicht sogar manchmal heimlich über den Sturz einer Person, die wir nicht gut leiden können? Meist ist die Schadenfreude besonders groß, wenn die Person sehr tief fällt oder gar scheitert.

Die Bibel berichtet uns von dem Fall eines Mannes, der ein sehr privilegiertes Leben führte und in besonderer Weise gesegnet war. Er besaß Reichtum, hatte Macht, Freunde, Familie und eine ihn liebende Frau. Er lebte in einer schönen Gegend und war ein bewundernswerter Mensch, dem andere nacheiferten. Er zahlte seine Steuern, verschaffte Arbeitssuchenden einen Job und setzte sein Geld weise und zum Wohle aller ein. Kurzum: Hiob war ein Mann, der sein Wort hielt.

Da verwundert es nicht, dass in der Geschichte eines derart vorbildlichen Menschen zwangsläufig auch ein Baum auftaucht.

HIOBS HEIMAT

Hiob lebte in einem Land namens Zu. *Zu* ist ein semitisches Wort, es bedeutet „bewaldeter Ort". Ein perfektes Setting also für Hiobs Geschichte, in der ein Baum im Mittelpunkt steht.

Hiob lebte vermutlich an einem Ort, an dem Bäume viel Schatten spendeten. Der Schattenwurf von Bäumen ermöglichte auch bei heißem Klima ein angenehmes Leben – lange bevor es Klimaanlagen gab. Weiter erfahren wir, dass Hiob tadellos und rechtschaffen war, ein Mann, der Ehrfurcht vor Gott hatte und das Böse mied. Seine Kinder hielten zusammen und respektierten ihren Vater.

Nach dieser Einführung in Hiobs Leben und seine Familie wechselt die Szene in den Himmel. Vorhang auf für Satan, der an einer himmlischen Versammlung teilnimmt.

„Woher kommst du?", fragt Gott ihn.

„Ich war auf der Erde unterwegs und habe sie durchstreift", erklärt der Teufel.

Anschließend kommen die beiden auf Hiob zu sprechen. Gott lobt Hiob in den höchsten Tönen und stellt ihn als den vorbildlichsten Menschen auf Erden heraus. Doch Satan beeindruckt das nicht. „Würdest du ihn nicht mit Samthandschuhen anfassen", höhnt er, „dann würde Hiob dich genauso verfluchen wie jeder andere Erdenbewohner."

Das war nicht nur eine Beleidigung gegenüber Hiob, sondern auch gegenüber Gott. Und mit seiner Behauptung unterstellte Satan Hiob eigennützige Motive: Er würde nur deshalb nach Gott fragen, weil dieser für ihn von Nutzen sei. Der Teufel deutete damit auch an, dass Gott für die Menschen nur ein Mittel zum Zweck sei und nicht von seinen Geschöpfen geliebt werde.

Gott wusste, dass Satan falschlag. Und doch ließ er sich auf das Experiment des Teufels ein und hob seinen Schutz von Hiob und dessen Familie auf (siehe Hiob 1,1-12).

ENTWURZELTE HOFFNUNG

Wenig später wurde Hiobs Familie vom Unglück heimgesucht. Seine Kinder und Diener kamen ums Leben und er verlor all seinen Besitz. Trotzdem verfluchte Hiob Gott nicht. Im Gegenteil. Er lobte Gott: *„Herr, du hast mir alles gegeben, du hast mir alles genommen, dich will ich preisen!“* (Hiob 1,21).

Im nächsten Schritt griff der Teufel Hiob selbst an und machte ihn krank. Hiob litt von Kopf bis Fuß an Geschwüren, die juckten und eiterten. Man stelle sich den schlimmsten Fall von Hautausschlag oder Masern vor – Hiob erging es noch weitaus schlechter. Er benutzte die scharfe Kante einer Tonscherbe, um sich an seinen Wunden zu kratzen.

„Na, immer noch fromm?“, fragte seine Frau ihn bei diesem Anblick. *„Verfluch doch deinen Gott und stirb!“* (Hiob 2,9). Doch Hiob blieb weiter standhaft. Kein böses Wort gegen Gott kam über seine Lippen.

Drei alte Freunde von Hiob kamen dann zu Besuch, um ihm Gesellschaft zu leisten. Hiob sah so grässlich aus, dass die drei ihn nicht sofort erkannten. Eine Woche lang saßen die Männer schweigend mit ihm auf dem Boden. Ihre Gegenwart tat gut, bis Hiob das Schweigen brach und den Tag seiner Geburt verfluchte (siehe Hiob 3). Der sich anschließende Streit der Freunde ähnelte dem eines alten Ehepaares, das den gleichen Standpunkt schon unzählige Male durchgekaut hat, ohne je zu einer Lösung zu kommen. Auch wenn sich seine Freunde nicht einig waren: Den Grund für Hiobs Unheil sahen sie zum Teil darin, dass Hiob sich schuldig gemacht habe und somit selbst für dieses Elend verantwortlich sei. Sie irrten sich zwar, aber seit wann hält ein Irrtum die Leute vom Streiten ab? Die Freunde steigerten sich nur weiter hinein.

An seinem absoluten Tiefpunkt rief Hiob aus: *„Zerschmettert hat er mich, bald muss ich gehen; meine Hoffnung riss er aus wie einen Baum"* (Hiob 19,10). Doch ganz gleich, wie mutlos Hiob war, er glaubte noch immer an Gott und dessen Güte. Hiob hätte vermutlich gerne ein paar Worte mit seinem Schöpfer gewechselt, doch er hielt trotz allem an seinem Glauben fest. Jahrhunderte später nennt Jakobus ihn ein Vorbild, wenn es darum geht, geduldig zu sein und sein Leid zu ertragen (siehe Jakobus 5,11).

AUFKEIMENDE HOFFNUNG

Ein Unglück folgte dem nächsten. Hiob wurde förmlich in die Knie gezwungen, doch sein Glaube zerbrach daran nicht. Mittendrin in seinem Leid wünscht er sich, er wäre ein Baum: *„Für einen Baum gibt es immer noch Hoffnung, selbst wenn man ihn gefällt hat; aus dem Stumpf wachsen wieder frische Triebe nach. Auch wenn seine Wurzeln im Erdreich absterben und der Stumpf langsam* *im Boden vertrocknet, erwacht er doch zu neuem Leben, sobald er Wasser bekommt. Neue Triebe schießen empor wie bei einer jungen Pflanze*" (Hiob 14,7-9).

In dieser Hinsicht unterscheiden sich Menschen und Bäume wie Tag und Nacht. Man kann sich als Mensch keinen Finger abschneiden, ihn in den Boden einpflanzen und daraus einen neuen Menschen wachsen lassen. Bei Bäumen funktioniert das aber: Man kann einen Trieb von einem Baum abschneiden und damit eine neue Pflanze heranzüchten. Hiob spielt also auf ein Phänomen an, das die Naturwissenschaft erst heute so richtig zu verstehen beginnt.

Da ich inmitten landwirtschaftlicher Betriebe aufgewachsen bin, half ich als Kind manchmal beim Einzäunen der Felder. Ich weiß noch, wie ich einmal Pfähle aus Scheinakazie aufstellte. Ein Jahr später wuchsen aus dem Holz neue Äste und Blätter.

Bäume wollen immer wieder zum Leben erwachen. Wird ein Baum gefällt, bedeutet das noch nicht sein Ende. Von einem deutschen Förster hörte ich kürzlich, wie dieser einen verschütteten Holzstumpf fand, den Überrest eines Baumes, der vor Jahrhunderten gefällt worden war. Das Holz enthielt aber immer noch Leben spendendes Chlorophyll und ein unterirdisches Netzwerk von Pilzen hatte die lebenden Bäume ringsum mit diesem alten Holzstumpf verbunden.

BÄUME WOLLEN IMMER WIEDER ZUM LEBEN ERWACHEN. WIRD EIN BAUM GEFÄLLT, BEDEUTET DAS NOCH NICHT SEIN ENDE.

Offenbar teilen Bäume ihren Saft wie ihr Chlorophyll sogar mit entwurzelten Artgenossen. Bäume klammern sich einfach hartnäckig an das Leben – sei es in Form von Samen, Ablegern, Stümpfen oder Zaunpfählen. Mehr noch, Bäume stellen sogar die menschliche Vorstellung davon, was tot und was lebendig ist, infrage. Es verhält sich damit so, wie Hiob es ausrief: Für einen Baum gibt es selbst dann noch Hoffnung, wenn er gefällt wird.

Ich kann mir kaum vorstellen, wie es wäre, alles auf einmal zu verlieren: Familie, Liebe, Ansehen, Geld und Gesundheit. Und obwohl Hiob der ehrlichste Mensch auf Erden war, beschuldigten seine engsten Freunde ihn dann auch noch, ein Lügner zu sein. Trotz alledem verfluchte Hiob Gott nicht. Viele Menschen aber fluchen bereits reflexartig, wenn sie sich den Zeh stoßen, das Handy verlieren oder Kaffee verschütten. Hiob tat das nicht. Im Gegenteil. Inmitten seines Leids formulierte Hiob eines der schönsten Glaubensbekenntnisse der Bibel. Er wusste ohne jeden Zweifel, dass er – wie ein Baum – wieder emporwachsen würde, selbst wenn man ihn fällte. *„Doch eines weiß ich: Mein Erlöser lebt; auf dieser todgeweihten Erde spricht er das letzte Wort! Auch wenn meine Haut in Fetzen an mir hängt und mein Leib zerfressen ist, werde ich doch Gott sehen!"* (Hiob 19,25-26).

Ein Mann namens Elihu lauschte der Auseinandersetzung zwischen Hiob und seinen Freunden und meldete sich schließlich zu Wort. Er war jünger als die drei Freunde, die Hiobs Lage als selbstverschuldet ansahen, und traute sich daher zunächst nicht, sich an dem Gespräch zu beteiligen. Doch schließlich konnte er nicht mehr an sich halten. Elihu machte die Männer auf Gottes Wesen aufmerksam, statt sich weiter der Schuldfrage zu widmen. Dafür gebrauchte er das Bild eines aufziehenden Gewitters. Wer schon einmal tief im Wald einem sich anbahnenden Sturm gelauscht hat, der weiß, wie ehrfurchtsvoll sich der Wind in den Bäumen anhört. Und wenn sich dann ein Gewitter entlädt, ist es so, als ob Gott sich im Auge des Sturms befindet und von dort direkt zu uns spricht.

EINE IMMERWÄHRENDE EINFÜHRUNG

Was folgt, ist der längste Monolog Gottes in der Bibel. Er betrat die Bühne und übernahm die Rechtsprechung. *„Tritt mir gegenüber wie ein Mann und gib mir Antwort auf meine Fragen!"*, donnerte Gott (Hiob 38,3), aber es scheint fast so, als zwinkerte er dabei Hiob zu und flüsterte: „Keine Sorge, jetzt übernehme ich die Sache."

„Wo warst du, als ich das Fundament der Erde legte?", beginnt Gott bekanntermaßen (Vers 4).

Die sich anschließende Rede liest sich fast wie eine immerwährende und grundlegende Einführungsvorlesung an Hochschulen und Universitäten:

„Kennst du dich mit Meeresbiologie und Geografie aus? Hast du Pflanzenkunde oder den Fortpflanzungszyklus von Säugetieren studiert? Hast du die Meteorologie erfunden? Wenn der Mutterinstinkt für das Überleben nötig ist, warum haben ihn dann einige Tierarten und andere nicht? Weißt du, warum so wenige Tiere gezähmt werden können? Um Himmels willen, ihr Menschen werdet erst in Tausenden von Jahren Naturschutzgebiete schaffen, aber ich kenne schon jetzt ihren Wert."

Gott fragte, ob Hiob die 250 Sterne des Siebengestirns jeweils zur richtigen Zeit aufgehen lassen und sie wie eine Herde in eine Richtung treiben könne. Oder anders gefragt: Wussten Hiob und seine Freunde, dass die drei Sternbilder im Gürtel des Orion ungebunden sind und gravitativ in keiner Beziehung zueinander stehen? Hätten sie Arkturus und die 52 Sterne im Arkturus-Strom heraufführen können – „den Großen und den Kleinen Wagen", wie es in Kapitel 38, Vers 32 heißt? Es klingt fast so, als würde Gott uns herausfordern, das Teleskop zu erfinden und selbst hineinzuschauen.

In all diesen Fragen, in den Kapiteln 38 bis 41, deutet Gott auf Ordnungen, Zeitabläufe und Naturgesetze hin, die Hiob und seine Mitmenschen noch nicht kannten, geschweige denn verstanden. Derartige Aussagen in der Bibel scheinen uns allzu vertraut und geläufig. Folglich haben wir wenig Verständnis für Gottes Fragen. Doch wie hätte irgendjemand außer dem Schöpfer des Universums überhaupt darauf kommen können, sie zu stellen?

Experten gehen davon aus, dass das Buch Hiob zu den ältesten Büchern der Bibel gehört, verfasst vor Tausenden von Jahren. Dennoch widerspricht das Buch Hiob an keiner Stelle dem derzeitigen Stand der Wissenschaft.

Gott stellte Hiob und seinen Freunden weder abwegige noch irreführende Fangfragen, in denen sich Akademiker in den letzten 3.000 Jahren immer wieder verfingen. Zum Beispiel erwähnt das Buch Hiob keine Alchemie, keine Transmutation von Metallen und keine Phrenologie. Die Werke von Aristoteles, Cato, Varro und Plinius hingegen fielen auf diese Lehren hinein. Und es gibt einen guten Grund dafür, dass die Bibel keinerlei solcher Irrlehren enthält: weil ihr Autor jeden

Winkel seiner Schöpfung kennt. Schließlich ist das Universum seine Erfindung.

BÄUME HABEN EINE ANDERE VORSTELLUNG VON ZEIT

Am Ende gibt Gott Hiob recht und verurteilt die voreiligen Schlüsse seiner Freunde. *„Ihr habt nicht die Wahrheit über mich gesagt, so wie mein Diener Hiob es tat!"* Um das zu betonen, spricht Gott es gleich zweimal aus (Hiob 42,7-8).

Für einen Baum gibt es Hoffnung, selbst wenn er gefällt ist. Und so teilen auch wir wie Hiob diese Hoffnung. Ganz gleich, wie schwierig, schmerzhaft oder tragisch unsere Umstände sind – unser Erlöser lebt und uns schenkt uns Leben.

Kurz bevor Hiob seinem Glauben an Gott Ausdruck verlieh, ihm ein neues Leben zu schenken, wünschte er, dass man sich später an seine Worte erinnern werde: *„O dass doch meine Worte aufgeschrieben, o dass sie doch in ein Buch eingetragen würden"* (Hiob 19,23; SCHL). Genauso ist es geschehen. Auch heute noch lesen wir seine Worte. Das Einzige, was ähnlich lange überleben kann wie diese Zeilen, sind – wie könnte es anders sein – Bäume.

Heute hat weltweit kein Buch so viele Wurzeln geschlagen wie die Bibel. Als Gott nach einem passenden Bild für die Auferstehung und das ewige Leben suchte, fiel seine Wahl auf das einzige, weitverbreitete Lebewesen, das die Hoffnung auf ein Leben nach dem Tod verkörpert: den Baum.

Bäume bringen einfach ein anderes Verständnis von Zeit mit sich als wir Menschen. Einige können Tausende von Jahren alt werden. Genau wie die Bibel. Und Bäume können wieder zum Leben erwachen, nachdem sie gefällt wurden. Das können auch Menschen, die den Baum des Lebens und die Verheißungen von Gottes lebendigem Wort annehmen.

> GOTT MÖCHTE EIN VIEL WEITREICHENDERES GEFÜHL VON ZEIT VERMITTELN UND WÄHLTE DAFÜR BÄUME ALS BEISPIEL.

Gott möchte der kurzlebigen Menschheit ein viel weitreichenderes Gefühl von Zeit vermitteln. Es ist kein Zufall, dass er dafür Bäume als Beispiel wählte. Erstens sind Bäume die langlebigsten Geschöpfe auf diesem Planeten. Und zweitens sind sie die einzigen Lebewesen, deren Lebensjahre durch Jahresringe gekennzeichnet werden.

Ich kenne viele Menschen, die fasziniert sind von der Maserung einer Baumscheibe. Einige Baumscheiben sind hier und dort mit kleinen Pfeilen und Schildchen versehen, die den Umfang des Baumes zu bestimmten historischen Ereignissen zeigen, wie etwa der Unterzeichnung der Magna Charta oder der amerikanischen Unabhängigkeitserklärung.

Das Leben der Bäume erstreckt sich über große Zeiträume und Gott freut sich so sehr darüber, dass er ihnen zu jedem Geburtstag einen neuen Ring schenkt.

BÄUME HÖREN NICHT AUF, UNS ZU DIENEN

Als ich anfing, mich auf die Suche nach Bäumen in der Bibel zu machen, wusste ich noch nicht, warum sie als Gottes Hauptmetapher für das christliche Leben stehen. Inzwischen bin ich zu dem Schluss gekommen, dass Gott Bäume deshalb gewählt hat, weil es sie in jedem Stadium ihres Lebens gibt.

Sogar nach ihrem Tod dienen Bäume uns weiter. Vielleicht sitzen Sie aktuell auf einem Holzstuhl, haben einen Parkettboden zu Hause oder sind umgeben von Möbeln aus Holz? Bei vielen Gegenständen denken wir zunächst nicht an die Bäume, die das Grundgerüst bilden. Gepolsterte Sofas und Sessel beispielsweise haben eine tragende Unterkonstruktion aus Holz. Ein Dach mag aus Kupfer, Asphalt oder Schiefer sein, aber es wird meist von einem Dachstuhl aus Holz getragen. Kein anderer Bestandteil unseres Ökosystems erweist sich als nützlicher.

Gott hat die Bäume auch deshalb gewählt, weil es sie in jedem Stadium ihres Lebens gibt.

Die Hälfte aller Landtiere lebt in Wäldern oder auf Bäumen, tote Bäume eingeschlossen. Ein umgestürzter Baum in einem Wald bietet im Laufe seines Zersetzungsprozesses Lebensraum für zahlreiche Pflanzen und Tiere. Bäume bieten vielen Geschöpfen Nahrung und Schutz. Doch für uns hat ein Baum noch eine größere Bedeutung: die Hoffnung auf ein Leben nach dem Tod.

Wir wissen nicht, wie der Teufel auf Hiobs Gottestreue reagierte. Wir wissen aber, dass Gott seinen treuen Diener am Ende noch reicher segnete als zuvor. Seine Geschichte erinnert uns daran, wer unser Feind ist. Es ist nicht der Schöpfer des Lebens. Unser Feind ist derjenige, der meint, wir könnten Gott bloß für das lieben, was er für uns tut statt um seiner selbst willen.

VERWURZELT SEIN – IM BODEN

„An beiden Ufern des Flusses, der neben der Hauptstraße der Stadt fließt, wachsen Bäume des Lebens. Sie tragen zwölfmal im Jahr Früchte, jeden Monat aufs Neue. Die Blätter dieser Bäume dienen den Völkern zur Heilung."

OFFENBARUNG 22,2

Ich werde des Öfteren nach meinem Lieblingsbaum gefragt. Es gibt zwar keinen Baum, den ich nicht gerne in meiner Nähe hätte, aber einige Bäume mag ich einfach lieber als andere. Und manche kommen erst in einem bestimmten Licht oder einer bestimmten Jahreszeit so richtig zur Geltung.

Müsste ich mich auf einen Baum festlegen, würde ich die 500 Jahre alte Eiche neben der Kathedrale St. John in Lafayette im US-Bundestaat Louisiana wählen. Allein das Gewicht ihres untersten Astes wird auf mehr als 6.000 Kilogramm geschätzt. Die Eiche in Lafayette lag eigentlich schon im Sterben; sie blühte nicht mehr, weil ihre vielen Verehrer den Boden über ihren Wurzeln zu sehr festgetrampelt hatten. Ein Teenager war es, der dieses Problem erkannte und sich ihm annahm. Er sicherte den Fortbestand dieses besonderen Baumes, indem er den Boden auflockerte und neu anlegte. Heute erblüht die alte Eiche wieder in ihrer vollen Pracht und ist vermutlich für die nächsten 500 Jahre gewappnet.

DIE VORZÜGE VON ZUCKERAHORN

Werde ich nach meiner Lieblingsbaumart gefragt, dann lautet meine Antwort *Acer saccharum* – Zuckerahorn. Ich stelle mir gerne vor, wie Gott sich mit Kindern zusammengesetzt hat und er in diesem Kreis diesen Baum geschaffen hat. Sie wollen wissen, warum dieser Baum für mich noch wundervoller ist als die anderen? Ich will es Ihnen erklären.

Zunächst einmal weisen diese Bäume eine faszinierende Symmetrie auf. Kinder malen ihre Form instinktiv, oft noch mit einer runden gelben Sonne und einem Vogel. Zu Recht. Auch Vögel haben eine Vorliebe für den Zuckerahorn. In meiner Kindheit beobachtete ich oft Rotkehlchen, die sich schwarmweise in Zuckerahornbäumen aufhielten.

Was mich zu einer weiteren tollen Eigenschaft des Zuckerahorns führt: Man kann prima auf ihn hinaufklettern. Kinder können barfuß und in kurzen Hosen an ihm hochklettern, ohne sich zu verletzen. Die Rinde des Ahorns ist glatt und selbst bei ausgewachsenen Bäumen befinden sich die unteren Äste nahe genug am Boden und haben fürs Klettern einen günstigen Abstand.

In den Sommermonaten stellen seine Blätter zwei Farben zur Schau: ein Dunkelgrün auf der Oberseite und ein helleres silbriges Grün auf der Unterseite. Ich kann mich noch gut daran erinnern, wie ich als Kind an einem Sommertag in einem Zuckerahorn saß und plötzlich ein Gewitter losbrach. Mit jedem Windstoß veränderte der Baum seine Farbe: von Dunkelgrün nach Hellgrün und wieder zurück.

Wissenschaftlern zufolge schweben die Samen des Zuckerahorns lange in der Luft, um weit genug vom Mutterbaum wegfliegen zu können. Aber ich glaube, dass sie auch für Kinder geschaffen wurden, weil sie wie ein Propeller fliegen.

Eine weitere Besonderheit des Zuckerahorns sind die Farben seines Herbstkleids, sie sind einfach unbeschreiblich schön. Was dem Zuckerahorn im Frühling an auffallenden Blüten fehlt, holt er im Herbst durch seine Farbenpracht an Blättern nach. Als Kinder pressten wir die bunten Blätter zwischen Wachspapier, um ihre Schönheit zu erhalten. Im Sommer sind die Ahornblätter von grünem Chlorophyll durchtränkt, wodurch die leuchtende Farbenpracht noch verdeckt ist. Aber ist es nicht faszinierend, dass die Herbstfarben des Ahorns schon den ganzen Sommer über im Blatt verborgen liegen?

Ich erinnere mich gerne daran zurück, wie meine fünfjährige Tochter einmal an einem Herbsttag von draußen hereinkam und ihre Arme überschwänglich um mich schlang – der Duft von Holz und Blättern hing noch in ihren Haaren und der Kleidung. Kennen Sie diesen Geruch? Wer als Kind nie in einen Haufen voller Ahornblätter gesprungen ist, sollte das schleunigst nachholen.

Nachdem ich meine medizinische Ausbildung abgeschlossen hatte, zogen wir in den US-Bundesstaat New England. Ich staunte nicht schlecht über die ungeheure Größe der Ahornbäume, die sich in diesem nördlichen Klima besonders wohlfühlen. Sie werden dort bis zu vier Mal größer wie in den mittelatlantischen Breitengraden, in denen ich aufgewachsen bin. Viele von ihnen sind mehrere Hundert Jahre alt.

An Berghängen kann man oft sehr alte Bäume sehen, die mit einer Gedenktafel versehen sind und so an Verstorbene oder an einen Hochzeitstag erinnern. Eines meiner Lieblingsschilder hängt an einem riesigen, alleinstehenden Zuckerahorn auf einer Bergspitze in Chelsea im US-Bundesstaat Vermont. Von dort oben hat man eine atemberaubende Aussicht auf das Umland.

In New England hörte ich zum ersten Mal von einem ganz besonderen Aspekt der Zuckerahornbäume: Im Sommer verarbeiten sie nämlich das Kohlenstoffdioxid aus der Luft zu Zucker. Sie ziehen Wasser aus dem Boden und produzieren daraus einen zuckerähnlichen Saft. Dieser Saft fließt am stärksten, wenn die Nächte kalt und die Tage warm und sonnig sind. Den Saft aufzufangen und zu verarbeiten, erfordert viel Arbeit. Doch es lohnt sich. Echter Ahornsirup schmeckt einfach köstlich und ist nicht mit dem Produkt aus dem Supermarkt zu vergleichen. Überzeugen Sie sich einmal selbst!

GEMEINSAM BÄUME PFLANZEN

Als kleines Kind durfte ich meinen Vater und meinen Großvater öfters begleiten, wenn sie Bäume pflanzten. Sie vermittelten mir dabei das Gefühl, für das Wachstum des jungen Baumes verantwortlich zu sein, obwohl ich bloß ein bisschen Erde auf die Wurzeln geschaufelt hatte und sie goss.

Meiner Meinung nach sollten alle Eltern und Großeltern mit ihren Kindern und Enkelkindern Bäume pflanzen.

Auf diese Weise können die Älteren den Jüngeren nämlich greifbar vermitteln: „Wir glauben an eure Generation. Wir wissen zwar nicht, wie die politische Lage in hundert Jahren aussehen wird oder welche Technologien ihr nutzen werdet, aber eines wissen wir mit Sicherheit: Ihr werdet Bäume brauchen."

Ich bin dankbar, dass mein Opa die Sprache der Bäume verstand. 1895 als Sohn eines Pastors geboren, schloss er ein Jurastudium ab, bevor der Krieg ausbrach und er nach Frankreich verschifft wurde. Dort verlor er im Kampf zunächst eine Ferse. In England wurde er wieder zusammengeflickt und anschließend an die Front geschickt. Als Nächstes wurde ihm der Zeigefinger seiner linken Hand abgeschlossen. Nach einer weiteren Genesung in England musste er erneut zurück an die Front. Dieses Mal erlitt er eine Gasvergiftung und kam blind und taub zurück nach Amerika. Sein Augenlicht erlangte er wieder, nicht aber sein Gehör.

Mein Großvater ging zurück an die Hochschule und wurde Bauingenieur in einer Behörde nahe Washington. Er legte das Triadelphia Reservoir und andere Stauseen in der Gegend an, wodurch nicht nur die Hauptstadt mit Trinkwasser versorgt wurde, sondern auch viele Bäume gepflanzt und erhalten werden konnten. Ich erinnere mich noch, wie wir früher im Sommer oft an Seen und Bächen picknickten. Wir aßen und spielten unter jenen Bäumen, die von meinem Opa unter Naturschutz gestellt worden waren.

Der vielleicht erste hauptamtliche Berufsstand, der sich um Naturschutz kümmerte, war der eines Ingenieurs, der für sauberes Trinkwasser zu sorgen hatte. Ohne Bäume lässt sich nämlich Regenwasser nicht zu Trinkwasser aufbereiten.

Washington ist mit mehr als fünfzig hauptberuflich angestellten Förstern Spitzenreiter, was den Schutz der Bäume und die Erhaltung des Wasserreservoirs betrifft. Doch keine Stadt in Amerika ist berühmter für die Qualität und Erhaltung ihres Trinkwassers als New York City. Das Wasser, das dort aus der Leitung fließt, ist sauberer als Mineralwasser aus der Flasche – und das ist Bäumen, Förstern und Ingenieuren zu verdanken.

GROSSE STÄDTE BRAUCHEN GROSSE BÄUME

Mein Opa hatte die Hölle auf Erden gesehen. Als er aus dem Krieg heimkehrte, trug er dazu bei, dass die Erde dem Himmel ein bisschen ähnlicher wird. Er war stolz auf die Bäume seiner neuen Heimatstadt.

Als ich in Washington Medizin studierte, wohnte ich am Nordende des Rock Creek Parks, dem ältesten Stadtpark Amerikas. Offiziell wurde er 1890 durch eine Verfügung des Kongresses gegründet, aber die Ureinwohner Amerikas hatten sich schon Jahrhunderte zuvor um die Bäume in diesem Wasserreservoir gekümmert, genau wie es Bauingenieure heute tun. Bäume können Überflutungen verhindern und Trinkwasser säubern. Bäume können im Sommer Schatten spenden und so eine Abkühlung verschaffen. Bäume können für eine bessere Luftqualität sorgen und den Lärm der Großstadt dämpfen. Nicht zuletzt heben sie auch

WIR HABEN KEINE VORSTELLUNG DAVON, WIE SCHÖN ES IM HIMMEL SEIN WIRD. DOCH EINES IST SICHER: ES WIRD DORT JEDE MENGE BÄUME GEBEN.

die Stimmung der Stadtbewohner. Bäume sichern die ganze Zukunft einer Stadt. Daher lässt sich sagen: Große Städte brauchen auch große Bäume.

Die Bibel verspricht uns: *„Was kein Auge jemals sah, was kein Ohr jemals hörte und was sich kein Mensch vorstellen konnte, das hält Gott für die bereit, die ihn lieben“* (1. Korinther 2,9). Mit anderen Worten: Wir haben keine Vorstellung davon, wie schön es im Himmel sein wird. Doch eines ist sicher: Es wird dort jede Menge Bäume geben. Denken Sie an den schönsten Baum, den Sie je gesehen haben, und stellen Sie sich nun vor, Sie könnten verstehen, was dieser Baum Ihnen sagt (siehe Psalm 96,11-13). So wird es im Himmel sein!

EIN ERLEBNIS WIE IM HIMMEL

Im vergangenen Sommer bekamen meine Frau und ich einen kleinen Vorschmack auf den Himmel. Wir leben mitten im Zentrum einer Stadt mit 300.000 Einwohnern. Im Sommer wird es hier immer etwas ruhiger, wenn ein Großteil der 45.000 Studenten und Dozenten, die wenige Blocks von uns entfernt leben und arbeiten, die Stadt verlassen. Glücklicherweise wurde das Wetter angenehm kühl, trocken und windig – genau zu der Zeit, in der die Stadt für gewöhnlich von einer schwülen Hitze erdrückt wird. Wir konnten uns die Klimaanlage sparen und stattdessen die Fenster öffnen, den Wind spüren und lauschen! Eine besondere Stille umgab uns. Es war noch ruhiger als an einem Wintertag. Der Grund dafür: Das Blattwerk der Bäume dämpfte die Stadtgeräusche.

Die Krone eines ausgewachsenen Baumes ist von der Fläche seiner Blätter bis zu dreißigmal größer als die Fläche des

Bodens darunter. All diese Blätter bewegen sich im Wind und fungieren als eine Art Schalldämpfer, wodurch der Lärm von Autos und Sirenen reduziert wird.

Wenn Sie das auch einmal erleben möchten, dann begeben Sie sich an einem kühlen Sommertag sonntagmorgens, wenn niemand auf dem Weg zur Arbeit ist, in eine Stadt voller Bäume und lauschen Sie der Stille.

BÄUME VERBINDEN

Einer der Gründe, warum Gott bei jeder bedeutenden Person und jedem wichtigen Ereignis in der Bibel einen Baum oder einen Bestandteil eines Baumes auftreten lässt, ist meiner Meinung nach ein ganz pragmatischer: Bäume wachsen praktisch überall, wo Menschen auf diesem Planeten leben. Ein Mensch in Afrika hat vielleicht noch nie einen Zuckerahorn in natura gesehen, genau wie ich noch nie einen Affenbrotbaum gesehen habe. Und doch sind uns beiden Bäume als solches bekannt, auch wenn wir mit dem Wort unterschiedliche Arten verbinden.

Ich würde mich sehr freuen, wenn Menschen verschiedener Glaubensrichtungen – wie auch Menschen ohne Glauben – dieses Buch lesen. Durch unsere aller Abhängigkeit von Bäumen können wir uns einer gemeinsamen Sache widmen, nämlich unserer Zukunft. Leider stoße ich mit meinem Ansatz, mich für die Schöpfung einzusetzen, sowohl innerhalb als auch außerhalb der Kirche immer wieder auf Widerstand. Ich habe leider Christen kennengelernt, die sich gegen eine Zusammenarbeit mit Nichtchristen oder mit Christen aus anderen Konfessionen wehren. Genauso habe ich Nichtchristen kennengelernt, die nicht mit Christen zusammenarbeiten wollen. Als jemand, der aus persönlicher Erfahrung beide Seiten gut kennt, ist es mir ein Anliegen, das zu thematisieren.

Aus biblischer Sicht erwartet Gott von uns nicht nur, dass wir uns gemeinsam um Wasser, Bäume und Luft kümmern. Er selbst hat uns durch Jesus vorgelebt, *allen* Menschen mit Liebe zu begegnen, und er möchte, dass wir seinem Beispiel folgen.

Als Jesus einmal eine Rede über die Liebe hielt, erinnerte er sein Publikum daran, dass Gott sich um alle Bewohner dieser Welt kümmert: *„Doch ich sage euch: Liebt eure Feinde und betet für die, die euch verfolgen! So erweist ihr euch als Kinder eures Vaters im Himmel. Denn er lässt seine Sonne für Böse wie für Gute aufgehen, und er lässt es regnen für Fromme und Gottlose"* (Matthäus 5,44-45).

Gott liebt selbst die Menschen, die nicht an ihn glauben. Das ist eine Wahrheit. Er schenkt ihnen Nahrung und er versorgt sie mit Luft zum Atmen. Er kümmert sich um ihr Wohl. Und um diese Liebe Gottes noch zu unterstreichen, ist ihnen sogar ein ganzes Buch in der Bibel gewidmet. Überraschenderweise hatte aber ausgerechnet einer von Gottes eigenen Leuten dagegen Einwände.

DER WIDERWILLIGE PROPHET

Der Mann, den Gottes Liebe zu seinen Feinden gewaltig störte, war einer seiner größten Propheten. Die Bibel berichtet von keinem anderen Propheten, der zu mehr Menschen sprach oder mehr Erfolg mit seiner Botschaft erzielte, als Jona.

Jona lebte im Norden Israels, als Gott ihm den Auftrag gab, nach Ninive aufzubrechen, der Hauptstadt des Assyrischen Reiches. Er sollte die Bewohner Ninives dazu auffordern, sich von ihren bösen Taten abzuwenden. Doch Jona hatte kein Interesse daran, dem Feind Israels zu helfen. Stattdessen ging er zur Hafenstadt Joppe und betrat ein Schiff, das in die entgegengesetzte Richtung fuhr.

Während der Schifffahrt kam ein heftiger Sturm auf. Das Schiff wurde von den Wellen hin und her geworfen. Die Seemänner warfen in ihrer Angst die Fracht über Bord und sprachen eilige Gebete zu ihren verschiedenen Göttern. Während sich alle anderen auf ihren Tod gefasst machten, lag Jona allerdings noch unter Deck und schlief. Die Mannschaft rüttelte ihn wach und beschwor ihn, auch zu seinem Gott zu beten. Als sich der Sturm daraufhin immer noch nicht legte, warfen sie das Los, um herauszufinden, wer an Bord für ihr Unglück die Schuld trug. Das Los fiel auf Jona. „Wer bist du, was machst du, wo kommst du her und wer ist dein Gott?", fragten sie ihn.

„Ich bin Israelit und ich bete den Herrn an, den einen Gott, der Himmel und Erde gemacht hat", erwiderte Jona. Dann fügte er mit bewundernswerter Ehrlichkeit hinzu, dass er vor Gott weglief, was wohl der Grund für das tobende Meer sei.

„Was können wir tun, um das Meer wieder zu beruhigen?", fragten seine Mitreisenden.

„Werft mich über Bord", sagte Jona. Den Männern widerstrebte es, eine derart drastische Maßnahme zu ergreifen. Doch in Anbetracht der riesigen Wellen, die sich über dem Deck brachen, blieb ihnen keine Wahl. Sie warfen Jona ins Meer und sofort legte sich der Sturm wieder. Die Männer an

Bord konnten nur staunend zusehen. Sie waren voller Ehrfurcht und beteten von nun an zu Gott. Jona hingegen wurde von einem großen Fisch verschluckt.

Drei Tage und drei Nächte verbrachte Jona im Bauch des großen Fisches und betete. Schließlich brachte Gott das riesige Meerestier dazu, Jona am rettenden Ufer auszuspucken.

Erneut wies Gott Jona an, nach Ninive zu gehen und dort seine Botschaft zu verkünden. Nun endlich machte Jona sich auf den Weg und sprach zu den Menschen in Ninive: „Lasst das Böse sein, sonst liegt diese Stadt in vierzig Tagen in Schutt und Asche." Erstaunlicherweise hörte das ganze Volk, vom König bis zum einfachen Bürger, auf Jonas Worte und kleidete sich fortan in Sack und Asche. Alle zeigten Reue für ihre Missetaten und die ganze Stadt – Mensch und Tier – fastete. Gott akzeptierte ihre Buße und verschonte die Stadt.

Feierte Jona diesen Riesenerfolg? Freute er sich, dass die Menschen in Ninive verschont blieben? Erzählte er überall herum, was Gott durch ihn bewirkt hatte? Nein! Jona bekam einen Wutanfall. „Ich habe allen gesagt, dass du diese Stadt plattmachen wirst, und jetzt stehe ich wie ein Idiot da", jammerte er. „Herr, du bist zu nachsichtig und vergibst zu schnell. Bitte bring mich um. Ich will lieber sterben, als weiterzuleben."

„Echt jetzt, Jona? Meinst du nicht, dass du ein wenig übertrieben reagierst?", fragte Gott ihn.

Daraufhin stieg Jona auf einen Hügel außerhalb der Stadt und baute sich einen notdürftigen Sonnenschutz. Er setzte sich in den Halbschatten und wartete darauf, dass Gott Ninive vielleicht doch noch zerstören würde. Es war heiß und sein Kopf glühte, also ließ Gott schnell eine Pflanze (in mehreren Übersetzungen steht „Rizinusstaude") neben Jona wachsen, um ihm noch mehr Schatten zu spenden und seine missmutigen Gedanken zu vertreiben. Es half: Jona freute sich sehr über diese Pflanze. Sie konnte ihn etwas beschwichtigen (siehe Jona 4,6).

Doch am nächsten Morgen ließ Gott die Pflanze von einem Parasiten zerfressen. Nun brannte die Sonne wieder glühend heiß auf Jona hinab. Und sofort jammerte er wieder: „Jetzt ist auch noch meine Staude tot. Ich habe keinen Schatten mehr. Dann kannst du mich genauso gut ebenfalls töten!"

„Jona, findest du deine Worte wirklich angemessen?", fragte der Herr ihn sinngemäß. „Du hast diese Staude weder gepflanzt noch bewässert. Trotzdem hättest du sie gerne verschont. Aber du kannst dich nicht freuen, dass ich eine Stadt verschont habe, in der 120.000 Menschen leben, die Gut und Böse nicht unterscheiden können – ganz zu schweigen von den vielen Tieren?" Mit dieser Zurechtweisung Gottes endet das Buch Jona.

JONAS PERSPEKTIVE – GOTTES PERSPEKTIVE

Jonas Fehler sind ziemlich offensichtlich. Sein erster bestand darin zu glauben, er könnte vor Gott weglaufen. Zweitens begriff er nicht, dass die Bewohner Ninives zwar Israels Feinde waren, aber dennoch von Gott geliebt wurden. Gott hat ein besonderes Faible für Kinder dieser Generation – und der nächsten und übernächsten. Mit unserer beschränkten Sicht sehen wir häufig weder die Vergangenheit noch die Zukunft. Die Bibel begegnet hingegen auch unseren Vorfahren mit Respekt und sorgt sich um die kommenden Generationen.

Gottes Vorstellung von Zeit ist allerdings von einer ewigen Perspektive her geprägt. Unser Leben auf der Erde spielt sich innerhalb weniger Jahrzehnte ab. Gott möchte daher unseren

Horizont erweitern und uns eine langfristige Perspektive auf das Leben schenken, doch unsere menschliche Natur sträubt sich oft dagegen.

Wir leben nur sehr kurz auf dieser Erde. Im Vergleich zu einer Maus hat der Mensch zwar eine hohe Lebenserwartung – durchschnittlich 70 bis 80 Jahre –, aber verglichen mit einem 5.000 Jahre alten Baum ist unser Leben kaum mehr als ein Wimpernschlag.

Gott möchte, dass wir das Leben eher aus dem Blickwinkel eines Baumes statt aus dem einer Maus sehen. Letzten Endes bedeutet der Glaube an Gott, dass wir gemäß seiner Vorstellung von Zeit ewig leben, lieben und existieren können. In der Bibel heißt es: *„Ein guter Mensch hinterlässt ein Erbe für Kinder und Enkelkinder“* (Sprüche 13,22). Gott ermutigt uns, langfristig zu planen und in die Zukunft zu investieren – auch in die Zukunft derer, die nicht an ihn glauben. Gott ist der Richter der Erde, nicht wir. Jeder von uns soll ein Zeuge Gottes sein, kein Richter, Geschworener oder Ankläger.

Das bedeutet nicht, dass Christen ihren Glauben an die Bibel oder ihr Verständnis von Gut und Böse aufgeben sollen.

CHRISTEN SOLLEN IN ERSTER LINIE MEHR HIMMEL AUF DIESE ERDE BRINGEN.

Doch Christen sollen in erster Linie dazu beitragen, mehr Himmel auf diese Erde zu bringen. Und dieser Aufgabe können wir gerecht werden, indem wir Bäume pflanzen, uns um die Umwelt kümmern und alte Waldgebiete erhalten. Das ist unser Job. Immerhin sind wir diejenigen, die sich jedes Jahr an Weihnachten einen Baum ins Wohnzimmer stellen, um die Geburt unseres Retters zu feiern.

AN EINEM STRANG ZIEHEN

Kürzlich hielt ich an einer Hochschule im US-Bundesstaat Oregon vor einigen Hundert Menschen einen Vortrag über Bäume. Das Thema stieß bei Leuten aus unterschiedlichsten Milieus auf reges Interesse. Dabei ging ich auch näher darauf ein, wie Christen besser mit Umweltschützern zusammenarbeiten können. Denn als Christen haben wir eine Verantwortung für das, was Gott uns anvertraut hat – und dazu gehört auch die Erde, Gottes Schöpfung. Wir sollen sie gemäß unseres Schöpfungsauftrags verwalten und bewahren. In meinem Vortrag äußerte ich dann weiter den Wunsch, dass auch Nichtchristen sich um ein konstruktiveres Miteinander mit ihren christlichen Mitmenschen bemühen könnten. Ich bezog mich hierbei auf einen Aufsatz, der an Hochschulen vor allem in ökologischen Kreisen bekannt ist. Der Soziologe, der diesen Aufsatz verfasst hat, gibt für fast alle Umweltprobleme der Welt dem westlichen Christentum die Schuld. Umweltverschmutzung, Sonnenflecke, Hautschuppen – all das sei dem Christentum zuzuschreiben.

Es liegt im Interesse aller, auch in hundert Jahren noch eine Fülle von Bäumen zu haben.

„Das ist nicht gerade fair“, sagte ich. Jeder von uns handelt aus einer bestimmten Weltsicht heraus, ob wir das nun zugeben oder nicht. Und so muss auch jeder von uns Verantwortung übernehmen und respektvoll gegenüber Andersdenkenden sein.

Eine Person mit einer anderen Ansicht lässt sich wohl kaum vom Gegenteil überzeugen, indem man zu ihr sagt: „Du bist dumm und du musst mehr sein wie ich.“ Besser ist es, einen gemeinsamen Nenner zu finden. Und es liegt im Interesse aller, auch in hundert Jahren noch eine Fülle von Bäumen auf dieser Erde zu haben.

DIE WELT ZU EINEM BESSEREN ORT MACHEN

Was den Schutz unserer Umwelt anbelangt, so haben wir schon viel erreicht. Als ich noch zur Schule ging, fing ein Nebenfluss des Eriesees ständig Feuer. Heute lässt sich dieser Fluss dank zahlreicher Schutzmaßnahmen kaum noch entfachen. Und auch die Trinkwasserversorgung hat enorme Fortschritte gemacht. Viele Gewässer, die vor hundert Jahren noch vollkommen verschmutzt waren, bieten heute sauberes Trinkwasser.

Als der Weißkopfseeadler zum Nationalsymbol der Vereinigten Staaten erklärt wurde, lebten im Land noch schätzungsweise hunderttausend Vögel dieser Art. Durch den Einsatz eines Insektizids in der Landwirtschaft zählte man 1963 weniger als fünfhundert nistende Paare. Seitdem das Insektengift 1972 in den USA verboten wurde, ist die Zahl der Weißkopfseeadler neuesten Studien zufolge wieder auf nahezu zehntausend nistende Paare angestiegen. Auf ähnliche Weise konnten auch Wale und andere Tierarten vor dem Aussterben gerettet werden. Es gibt vieles, wofür wir bereits dankbar sein können. Doch es liegt noch eine Menge Arbeit vor uns.

Vor einigen Jahren fand sich eine bunte Truppe Menschen zusammen, um eine Gegend in unserer Stadt zu begrünen. Sie sammelten das nötige Geld ein und pflanzten gemeinsam mit einem Baumpfleger und vielen anderen freiwilligen

Helfern aus Kirchen und Umweltverbänden Bäume entlang der Straße. Diesen Herbst hatte ich die Gelegenheit, eine dieser neu gestalteten Straßen entlangzufahren. Und wissen Sie, was? Ich konnte den gepflanzten Bäumen nicht ansehen, ob sie von einem Christen oder einem Nichtchristen gepflanzt worden waren. Das ist auch vollkommen egal, denn Gott lässt die Sonne über jedem Menschen und jedem Baum auf der Erde erstrahlen.

Wer immer nur austeilen will, der sollte lieber boxen gehen. Wer aber die Welt zu einem besseren Ort machen möchte, sollte Bäume pflanzen – selbst entlang der Straßen von Ninive.

DIE ERDE IST DEM UNTERGANG GEWEIHT

Es gibt manche Christen, die sich bewusst nicht für den Schutz der Wälder einsetzen mit dem Argument, dass Jesus ja schon sehr bald wiederkommen könnte. Das stimmt, Jesus hat gesagt: *„Macht euch bereit! Ich komme schnell und unerwartet“* (Offenbarung 22,12). Ich glaube ihm. Möglicherweise kommt er schon morgen. Und vermutlich hat niemand, der diese Zeilen liest, noch mehr als hundert Jahre auf dieser Erde zu leben. Doch aus theologischer Sicht ist es höchst fragwürdig, sich nicht um die Erde zu kümmern.

AUS THEOLOGISCHER SICHT IST ES HÖCHST FRAGWÜRDIG, SICH NICHT UM DIE ERDE ZU KÜMMERN.

Aber da es sowieso nicht gut um diese Welt bestellt ist, sollten wir da nicht all unsere Energie darauf verwenden, die gute Nachricht von Jesus Christus zu verbreiten? In der Tat, ein Blick auf die Schlagzeilen der Tagespresse verdeutlicht:

Unsere Erde befindet sich in einem schlechten Zustand. Und natürlich sollten wir uns auch mit all unseren Mitteln für das Evangelium engagieren. Problematisch wird es nur, wenn der Glaube als Ausrede fürs Nichtstun benutzt wird.

Davon überzeugt zu sein, dass Jesus bald wiederkommt und wir deswegen seine gute Nachricht mit all unseren Mitteln verbreiten sollen, ist die eine Seite der Medaille. Doch es ist etwas ganz anderes zu sagen, dass die Welt sowieso bald endet und ich mich daher gewissenlos an ihr bereichern kann. Ich frage mich, was Gott von uns hält, wenn wir die Zukunft unserer Enkel derart aufs Spiel setzen?

Eigennützige Theologie und die damit einhergehende Heuchelei haben viele junge Leute aus den Kirchen getrieben. Eine solche Theologie ist angefacht von Egoismus und Widerspruch, was abschreckend wirkt auf andere. Fürsorge für den Planeten ist hingegen etwas, das Gott und vielen jungen Leuten heutzutage am Herzen liegt. Respekt vor Gott zu haben, indem wir respektvoll mit seiner Schöpfung umgehen – das entspricht unserem gemeinsamen Auftrag.

WARUM BIN ICH AUF DER ERDE?

Jeder von uns fragt sich irgendwann: „Warum bin ich auf dieser Erde?“ Ich glaube, dass Gott allmächtig ist und dass er sich eine Beziehung zu uns wünscht. Ich bin auch davon überzeugt, dass dies nur durch Jesus Christus möglich ist. Durch meinen Glauben an ihn werde ich eines Tages in den Himmel kommen. Doch wenn Gott allmächtig ist und mir ein Leben im Himmel ermöglichen will, warum wurde ich dann nicht gleich im Himmel geboren? Was soll dieses Leben auf der Erde überhaupt?

Wer über diese Frage nachdenkt, kommt vermutlich zu dem Schluss, dass das Leben auf der Erde ein Geschenk ist. Mich überrascht aber immer wieder, wie einige Menschen ihr Leben auf dieser Erde als etwas Selbstverständliches ansehen. Haben diese Menschen je Schnee in einem Wald fallen sehen? Oder einen Sternenhimmel in der Abenddämmerung bestaunt? Für Gott waren die Erde und ihre Bewohner kostbar genug, um seinen einzigen Sohn dorthin zu schicken und ihn für sie sterben zu lassen. Sollten wir ihm da nicht auch unseren Dank erweisen und gut für seine Erde sorgen?

BÄUME DES LEBENS PFLANZEN

Das Leben ist ein Geschenk Gottes. Ich für meinen Teil bin dankbar dafür. Aber ich weiß auch, dass es längst nicht jedem auf diesem Planeten so gut geht wie mir. An unserer Kühlschranktür haben wir Bilder von Kindern hängen, die wir durch verschiedene Hilfsorganisationen unterstützen. Auf einem dieser Bilder ist ein zehnjähriger Junge namens Bobby zu sehen. Er lebt in New Delhi. Dort ist die Luftqualität alles andere als gut. Ihr Wert ist etwa gleichbedeutend mit dem Rauchen von fünfzig Zigaretten pro Tag. Viele Probleme müssten in Angriff genommen werden, um die Luftverschmutzung in Bobbys Heimat zu verringern, aber kein Lösungsvorschlag kommt dabei ohne Bäume aus.

Auf der ganzen Welt leiden Menschen unter dem Mangel an Bäumen. Missionare, die in den ärmsten Gebieten der Erde tätig sind, können bezeugen: Gleichzeitig Bäume zu pflanzen und die gute Nachricht von Jesus Christus in die Herzen zu säen, ist kein Widerspruch. Im Gegenteil, die beiden Aufgaben gehen Hand in Hand, genau wie es in der Bibel der Fall ist. Bäume des Lebens sind in jeder Form lebensnotwendig.

Als ich den Leiter der gemeinnützigen Organisation *Plant With Purpose*, die sich in Entwicklungsländern für die Verbesserung der Lebensqualität einsetzt, nach seinem Lieblingsbaum fragte, erwiderte er: „Ich mag die Vielfalt. Ich mag Bäume, die Kindern Essen geben und sauberes Trinkwasser ermöglichen." Vermutlich ist in den Augen des Schöpfers jeder Baum etwas Besonderes, aber Bäume, die ein Menschenleben heil machen können, sind heilig.

Gehen Sie davon aus, dass die Welt bald untergeht?

– Pflanzen Sie einen Baum!

Oder gehen Sie davon aus, dass die Welt noch hundert Jahre besteht?

– Auch dann gilt: Pflanzen Sie einen Baum!

Wollen Sie etwas gegen die Luftverschmutzung unternehmen?

– Noch einmal: Pflanzen Sie einen Baum.

Es gibt nur eine Sache, die Sie in Ihrem eigenen Garten tun können, um die ganze Welt ein bisschen besser zu machen: Pflanzen Sie einen Baum! Oder wie Martin Luther einst gesagt haben soll: „Wenn ich wüsste, dass morgen die Welt unterginge, würde ich heute noch ein Apfelbäumchen pflanzen."

TEIL III

DIE FRUCHT DES BAUMES ERNTEN

„Die Frucht des Geistes aber ist Liebe, Freude, Friede, Langmut, Freundlichkeit, Güte, Treue, Sanftmut, Selbstbeherrschung. Gegen solche Dinge gibt es kein Gesetz."

GALATER 5,22-23; SCHL

DER BAUM DES MESSIAS

„Was von Davids Königshaus noch übrig bleibt, gleicht einem abgehauenen Baumstumpf. Doch er wird zu neuem Leben erwachen: Ein junger Trieb sprießt aus seinen Wurzeln hervor."

Jesaja 11,1

Im Sommer vor dem Beginn meines Medizinstudiums erledigte ich einige Tischlerarbeiten im Haus eines Psychiaters, der eine fantastische Stereoanlage besaß.

„Wollen Sie mal hören?", fragte er mich. Er bediente ein halbes Dutzend Schalter und blaugrüne Lämpchen leuchteten hinter der Glasblende auf.

Behutsam zog er die Langspielplatte einer Orchesteraufnahme aus der Hülle und legte sie auf den Plattenspieler. „Überspringen wir die Ouvertüre", sagte er und senkte die Nadel. Es gab einen Moment der Stille und dann strömte der schönste Klang aus den Lautsprechern, den ich je gehört hatte. Ich hörte, wie die Holzinstrumente und Menschen gemeinsam musizierten, es klang so wundervoll. Teile von

Ahornbäumen, Fichten, Ebenholzbäumen, Weiden, Buchsbäumen und Palisander sangen gemeinsam und keiner von ihnen versuchte, die anderen zu übertönen.

„Warum klingt das so gut?“, fragte ich.

„Vermutlich, weil jedes Instrument eine Stradivari, Guarneri oder Amati ist. Außerdem spielen die Musiker das Stück so, wie es ursprünglich aufgeführt wurde“, bekam ich zur Antwort.

Wir lauschten Händels *Messias* – doch nicht bloß irgendeine Aufnahme dieses berühmten Werkes. Es handelte sich um eine Aufnahme des inzwischen verstorbenen britischen Dirigenten Christopher Hogwood und seines Kammerorchesters *Academy of Ancient Music* („Akademie für Alte Musik“). Wer meint, Bäume könnten nicht singen, sollte sich diese Aufnahme einfach mal anhören.

Ich kaufte mir das Album auf Kassette. Auf meinem Walkman und mit meinen 5-Dollar-Kopfhörern hörte es sich zwar ehrlich gesagt nicht ganz so beeindruckend an, aber dennoch wundervoll.

Während meiner Zeit an der Uni hörte ich beim Lernen für gewöhnlich Musik. Ich weiß nicht, wie oft ich den *Messias* gehört habe, aber es muss viele Hundert Male gewesen sein. Seltsamerweise achtete ich nie auf die Worte, die gesungen wurden. Ich war da wie jemand, der gespannt den Arien von Puccini lauschte, ohne ein Wort Italienisch zu verstehen. Ich nahm einfach nur den Klang und die Emotionen der Musik wahr, aber nicht deren Bedeutung. Auf diese Weise lauschte ich drei Jahrzehnte lang dem *Messias* – bis zu der Stunde, in der ich erstmals glaubte, was ich da hörte. Und plötzlich musste ich weinen. Und schluchzen. Und heulen. Und dann vor Freude grinsen. Und wieder weinen.

Tausende Menschen besuchen in der Weihnachtszeit Kirchen und Konzerthallen, um den *Messias* zu hören. Genau wie ich damals hören auch sie die Musik und nehmen ihre Schönheit wahr. Doch einige von ihnen verstehen auch die Worte. Man kann sie leicht von den anderen, die sie nicht verstehen, unterscheiden. Es sind meist die Menschen, die Tränen in den Augen haben.

Ich durfte die beste Aufnahme dieses Werks hören, von den besten Musikern gespielt, auf den besten Violinen und Cellos, die je gebaut wurden, und mit den besten Geräten aufgenommen, die es damals gab. Ich besorgte mir Hogwoods Aufnahme nicht nur auf Kassette, sondern auch auf Schallplatte und CD. Die Streichinstrumente, die in der *Academy of Ancient Music* zum Einsatz kommen, wurden größtenteils in Norditalien während des Goldenen Zeitalters des Geigenbaus hergestellt.

Einige Menschen behaupten, dass der feine, volle Klang dieser Instrumente auf die verwendeten Bäume zurückzuführen sei. Vielleicht stammte das Holz von Bäumen, die besonderen Witterungsbedingungen ausgesetzt gewesen waren und deshalb engere Jahresringe hatten. Vielleicht wurden die Bäume aber auch im Winter statt im Sommer gefällt. Ich habe vom Geigenbau leider keine Ahnung, aber ich staune darüber, wie aus einem Ahornbaum etwas so wunderschön Klingendes wie eine Violine entstehen kann. Schon König Salomo erkannte dies und nutzte edles Holz für den Bau von Musikinstrumenten (siehe 1. Könige 10,12).

Der *Messias* wurde von dem Musikgenie Georg Friedrich Händel auf dem Höhepunkt seines Schaffens komponiert. Der Text wurde von Charles Jennens auf Basis der King-James-Bibel zusammengetragen. Mit Ausnahme weniger Worte aus der

Great Bible von 1539 und der Übersetzung in dem damaligen Gebetbuch der anglikanischen Kirche ist die King-James-Bibel die alleinige Quelle für den Text des *Messias*. Dennoch hörte ich die Zeilen jahrelang, ohne ihren Sinn wahrzunehmen.

Händels *Messias* beginnt mit den Worten: „Comfort ye, comfort ye, my people; comfort ye, comfort ye, my people." („Tröste dich, tröste dich, mein Volk; tröste dich, tröste dich, mein Volk.") Diese zwölf Wörter werden länger als eine Minute gesungen. Das Wort *comfort* („tröste") wird dabei in die Länge gezogen wie etwas, das erst nach einer gewissen Zeit seine Form annimmt. Etwas Übernatürliches geht hier vor.

Die Worte der ersten vier Lieder des *Messias* stammen aus dem Buch des Propheten Jesaja und wurden vor etwa 2.700 Jahren aufgeschrieben. Ich habe mich inzwischen oft und intensiv mit der Bibel beschäftigt und doch ist es für mich immer wieder besonders, dieses Buch aufzuschlagen. Genau wie Händel ist auch Jesaja eine Klasse für sich. Der Prophet wird mehr als achtzig Mal im Neuen Testament zitiert. Und Jesus selbst verweist mehr als ein Dutzend Mal auf ihn.

WENN ES ZU ZEITEN DES ALTEN TESTAMENTS BEREITS EINE BAUMSCHULE GEGEBEN HÄTTE, DANN WÄRE SIE VERMUTLICH IM BUCH JESAJA ZU FINDEN.

Wenn es zu Zeiten des Alten Testaments bereits eine Baumschule gegeben hätte, dann wäre sie vermutlich im Buch Jesaja zu finden. Das Buch Jesaja räumt den Bäumen viel Platz ein. Jesajas Prophetien wimmeln nur so von Bäumen und Pflanzenmetaphorik, die auf das Kommen des Messias hinweisen. Die Pflanzenwelt und der angekündigte Erlöser sind hier eng miteinander verwoben.

„Haltet Ausschau nach dem Messias", rief Jesaja. *„Es wird ein Reis hervorgehen aus dem Stamm Isais und ein Zweig aus seiner Wurzel Frucht bringen"* (Jesaja 11,1; Lu).

DER PROPHET DER PROPHETEN

Das Buch Jesaja beginnt jedoch nicht mit einer Prophetie, sondern mit einer Anklage Gottes gegen sein Volk Israel. Gott wirft ihnen vor, nur noch an sich selbst zu denken und vergessen zu haben, zu wem sie gehören. Selbst ein Esel habe mehr Verstand als sie (frei nach Jesaja 1,2-3).

Gott hat ihr religiöses Gehabe satt. Er schert sich nicht um ihr Brandopfer, ihre Versammlungen, ihre vorgetäuschte Hingabe. Mehr noch, Gott hat die Nase voll von ihrer Religion: *„Darum hasse ich alle diese Festversammlungen! Sie sind mir eine Last, ja, sie sind für mich unerträglich geworden!"* (Jesaja 1,14).

Doch plötzlich ändert sich Gottes Tonfall und er spricht eine liebevolle Einladung an sein Volk aus: *„Kommt, wir wollen miteinander verhandeln, wer von uns im Recht ist, ihr oder ich. Selbst wenn eure Sünden blutrot sind, sollt ihr doch schneeweiß werden. Sind sie so rot wie Purpur, will ich euch doch reinwaschen wie weiße Wolle"* (Jesaja 1,18).

Dieser abrupte Wechsel des Tonfalls – erst streng, dann zärtlich – ist typisch für Jesajas Schreibstil. Doch anders als dieser wechselhafte Ton wird Jesajas Vorliebe für die Natur in allen 66 Kapiteln seines Buches durchgehend deutlich.

SCHLECHTE NACHRICHTEN

Vom ersten Kapitel an gebrauchte Jesaja Bäume, um seinen Landsleuten gute wie schlechte Nachrichten zu überbringen. Er beginnt allerdings mit den schlechten. Wieder einmal hatte nämlich das hebräische Volk Götzen verehrt. Jesaja hielt den Leuten ihr falsches Handeln vor Augen, da sie Bäume und Gärten für ihre heidnischen Orgien missbrauchten, und verglich sie mit einem vertrocknen Baum, der nur noch für Feuerholz tauglich sei: *„Ihr verehrt heilige Bäume und legt kunstvolle Gärten an für eure Götzen. Das wird ein böses Erwachen geben, wenn ihr einsehen müsst, dass sie nicht helfen können! Beschämt werdet ihr dastehen und einem Baum mit verdorrten Blättern gleichen, einem Garten ohne Wasser"* (Jesaja 1,29-30).

In Kapitel 3 prophezeite Jesaja, dass in einem Volk, das sich von Gott abgewendet, keine geeigneten Leiter mehr geboren würden: *„Dafür gibt er ihnen unreife Kinder als Herrscher, die mit Willkür regieren. Schreckliche Zustände werden herrschen: Einer unterdrückt den anderen; die Jungen lehnen sich gegen die Alten auf, die Ehrlosen gegen die geachteten Leute"* (Jesaja 3,4-5). Während die Männer des Landes sich wie Kinder benehmen würden, so erklärte er, würden die Frauen hochmütig werden und mit ihrer Kleidung und ihrem Schmuck aufreizende Blicke der Männer auf sich ziehen.

Doch Männer, die sich wie Babys aufführen, und anstößige Mode sind nicht die einzigen Folgen, wenn sich ein Volk von Gott abwendet. Worte beispielsweise verlieren ihre Bedeutung. Menschen fangen an, *„Böses gut"* und *„Gutes böse"* zu nennen (Jesaja 5,20). Sie gehen sogar so weit, die Finsternis als Licht zu bezeichnen und das Licht als Finsternis. Saures halten sie für süß und umgekehrt. Schwer zu sagen, ob Jesaja hier über antike Geschichte oder den Anbruch des 21. Jahrhunderts schreibt.

GUTE NACHRICHTEN

Jesaja sprach aber auch von Bäumen, um gute Nachrichten zu überbringen. In diesem Zusammenhang wies er immer wieder auf den Messias hin: „*Was von Davids Königshaus noch übrig bleibt, gleicht einem abgehauenen Baumstumpf. Doch er wird zu neuem Leben erwachen: Ein junger Trieb sprießt aus seinen Wurzeln hervor*" (Jesaja 11,1). Durch dieses Bild des Baumstumpfes sagte Jesaja voraus, dass der Messias dem Stammbaum von König David entspringen wird. Jesaja gab damit eindeutige Hinweise, wie Menschen Hunderte Jahre später Jesus als den Messias hätten identifizieren können.

Ich frage mich, wie hätte Jesaja wohl meine Ankunft auf der Erde vorausgesagt? Hätte er vielleicht geschrieben: „Männlich. Geboren und aufgewachsen in Woodfield. Er verliert als Teenager seinen rechten Daumen, der ihm wieder angenäht wird. Er arbeitet zunächst als Schreiner. Heiratet eine Jüdin. Wird Arzt. Hat zwei Kinder. Schreibt ein Buch über Bäume in der Bibel."

Wer eine Person gut kennt, kann auch leicht eine passende Beschreibung über deren einzigartige Identität abgeben. Doch nur einer vermag sie zu schreiben, ehe die Person überhaupt geboren wird: Gott

Jahrhunderte vor seiner Geburt beschrieb Jesaja den Messias so exakt, dass seine Beschreibung nur auf eine einzige Person zutreffen konnte: Eine Jungfrau würde ihn zur Welt bringen (siehe Jesaja 7,14). Er würde *„verachtet, von allen gemieden“* werden (Jesaja 53,3). Er würde für unsere Sünden sterben (siehe Jesaja 53,5). Er würde wie ein Lamm zur Schlachtung geführt werden und es widerspruchslos ertragen (siehe Jesaja 53,7). Er würde die Blinden und Tauben heilen (siehe Jesaja 35,5). Ein Mann aus der Wüste würde sein Kommen ankündigen (siehe Jesaja 40,3-5) und so weiter und so fort.

DAS BILD DES MESSIAS

Ein Besuch in einem Kunstmuseum kann uns vor Augen führen, wie konkret Jesajas Voraussagen über den Messias waren. Neben Statuen und Bildern von Göttern verschiedener Zeiten und Kulturen findet man dort mit hoher Wahrscheinlichkeit auch Darstellungen von Göttern, die aus Tier- wie Menschenkörpern bestehen, beispielsweise einem gefiederten Schlangengott oder einem Gott mit Adlerkopf oder Fangzähnen. Diese Götter in Menschen- beziehungsweise Tiergestalt haben meist ein prachtvolles Erscheinungsbild. Oft ziert auch eine goldene Krone ihr Haupt. Andere Statuen stellen Götter mit geschlossenen Augen dar, die in friedlicher Meditation versunken sind. Sie scheinen somit über der Welt zu stehen, die sie beherrschen.

Gegensätzlicher könnte die Darstellung des Messias kaum sein: Sie zeigt einen Gott am Kreuz. Wir sehen Christus, wie er Qualen leidet oder stirbt. Er steht nicht über dem Leid dieser Welt. Im Gegenteil. Er hat alle Sünden und alles Leid der Welt auf sich genommen. Statt einer Krone aus Gold trägt er eine Krone aus Dornen. Er ist nackt, nur wenige Stofffetzen bedecken seinen geschundenen Körper. Er türmt sich nicht mächtig oder drohend über der Menschheit auf, sondern ist an einen toten Baum genagelt. Oder um es in Jesajas eigenen Worten auszudrücken:

> *„Gott ließ seinen Diener [den Messias] emporwachsen wie einen jungen Trieb aus trockenem Boden. Er war weder stattlich noch schön. Nein, wir fanden ihn unansehnlich, er gefiel uns nicht! Er wurde verachtet, von allen gemieden. Von Krankheit und Schmerzen war er gezeichnet. Man konnte seinen Anblick kaum ertragen. Wir wollten nichts von ihm wissen, ja, wir haben ihn sogar verachtet" (Jesaja 53,2-3).*

Wer sich heute ein Gemälde anschaut, das Jesus am Kreuz zeigt, sieht ein Porträt des Messias, so wie Jesaja ihn schon vor 2.700 Jahren beschrieben hat. Sein Abbild ist keine Fälschung. Eine Verwechslung ausgeschlossen. Jesajas Beschreibung trifft nur auf eine einzige Person in der Weltgeschichte zu. Seine Beschreibung des Messias ähnelt keinem anderen Gott in der Geschichte.

Jesaja war der einzige Prophet, der Jesu Äußeres beschrieben hat. Demnach war Jesus so gewöhnlich wie eine kleine Pflanze oder ein Baumspross. Im Gegensatz zu den prachtvollen Darstellungen anderer Götter hatte sein Erscheinungsbild nichts Eindrucksvolles an sich.

GENAU WIE BÄUME SPENDET AUCH JESUS LEBEN.

Indem Jesaja Jesus mit einem Baum vergleicht, liefert er zugleich einen Hinweis darauf, warum Bäume aus unserer Theologie weitestgehend verschwunden sind. Genau wie Bäume spendet auch Jesus Leben. Die gefallene Menschheit hat jedoch die

Angewohnheit, sich von dem, was das Leben ermöglicht, abzuwenden, und sich stattdessen dem, was das Leben verneint, zuzuwenden. Anders ausgedrückt: Wir weisen Jesus zurück, wir wenden uns gegen Gott und kehren dem Baum des Lebens den Rücken zu.

VOM TOD ZUM LEBEN

Eine der erstaunlichsten Voraussagen des Alten Testaments über den Messias ist, dass er von den Toten auferstehen würde (vgl. Psalm 16,10). Diese Hoffnung auf ein Leben nach dem Tod ist bereits in früheren Kapiteln in den Geschichten von Isaak und Hiob zu finden. Und überall dort – bei Isaak, Hiob und später bei Jesus – steht die Auferstehung mit einem Baum in Verbindung.

Stellen Sie sich einmal folgendes Szenario vor: Sie sind Bauingenieur und bekommen die Aufgabe, eine Maschine zu entwerfen, die folgende Kriterien erfüllt: Sie darf nur etwa 2,5 mal 0,5 Zentimeter groß sein und muss eine Uhr enthalten, die fünfzigtausend Jahre lang die Zeit misst. Während die Maschine sich zweitausend Jahre lang im Stand-by-Modus befindet, muss ihre Software intakt bleiben. Anschließend muss die Maschine sich eigenständig wieder anschalten können. Nach ihrer Aktivierung muss sie Rohstoffe und Kraft aufbringen, um ihre ursprüngliche Größe ums Hunderttausendfache auszudehnen. Während dieses Prozesses darf sie sich nicht vom Fleck bewegen. Sie muss in der Lage sein, mit ähnlichen Maschinen zu kommunizieren, unabhängig von deren Herstellungsdatum. Zu guter Letzt muss die Maschine auch noch menschliches Leben erhalten können.

Klingt unmöglich? Ist es aber nicht. Die Maschine wurde bereits vor langer Zeit hergestellt und befindet sich noch immer im Einsatz. Auch nach zweitausend Jahren Ruhezustand funktioniert sie perfekt und trägt zur Erhaltung menschlichen Lebens bei. Diese „Maschine" ist ein Baum.

In den frühen 1960er-Jahren fanden Archäologen bei Ausgrabungen in der Nähe des Toten Meeres in Israel auf der alten Festung Masada ein Tongefäß mit Dattelkernen. Per Kohlenstoffdatierung fand man heraus, dass die Kerne etwa zweitausend Jahre alt sein mussten. Man steckte sie in eine Schublade und ließ sie weitere vierzig Jahre darin liegen. Dann aber hatte jemand eine geniale Idee: „Schauen wir doch mal, ob diese Kerne immer noch keimen können." Gesagt, getan. Ein Wissenschaftler fügte den Samen spezielle Hormone zu und siehe da: Ein Dattelkern keimte tatsächlich auf. Der Baum, der daraus wuchs, ist ein männliches Exemplar einer Spezies namens Methusalem. Diese Dattelpalme hat wiederum eine weibliche Dattelpalme bestäubt und so ihren Fortbestand gesichert. Wer aber hätte voraussagen können, dass Bäume selbst nach zweitausend Jahren wieder zum Leben erwachen können?

EINE BLÜHENDE WÜSTE

Vor ein paar Jahren reiste ich im Rahmen einer medizinischen Hilfsaktion durch Honduras. Als ich davon erfuhr, dass die kahle Landschaft, die ich durchquerte, einst ein üppiger Wald gewesen war, machte mich das fassungslos und traurig. Dasselbe Bild bot sich mir auf Haiti. Mittlerweile bin ich davon überzeugt, man kann Armut unmöglich effektiv bekämpfen, wenn immer mehr Bäume vom Erdboden verschwinden. Und auch da hat die Bibel einen Hinweis für uns. Im Buch Jesaja beschreibt nämlich Gott, wie er aus einer kargen Landschaft wieder furchtbares Land entstehen lässt:

> *„Der Herr sagt: ‚Mein Volk steckt tief im Elend. Sie suchen Wasser, aber finden keins. Vor Durst klebt ihnen die Zunge am Gaumen. Doch ich, der Herr, antworte auf ihre Hilfeschreie. Ich bin der Gott Israels und lasse mein Volk nicht im Stich. Auf den kahlen Hügeln lasse ich Bäche hervorbrechen, und in öden Tälern sollen Quellen entspringen. Ich verwandle die Wüste in fruchtbares Land mit Teichen und sprudelnden Quellen. Viele Bäume pflanze ich dort an: Zedern, Akazien und Myrten, Ölbäume und Wacholder, Platanen und Zypressen. Wer das sieht, wird erkennen, dass ich, der Herr, hier eingegriffen habe; jeder soll wissen: Der heilige Gott Israels hat dies alles gemacht'"* (Jesaja 41,17-20).

Was für ein großartiges Bild von Gott: eine blühende Wüste. Eine ursprünglich karge, tote Landschaft, die wieder mit Zedern, Akazien, Myrten und Olivenbäumen bedeckt ist. Eine neu bewässerte Wüste, in der Wacholder, Platanen und Zypressen wachsen. Einige Kapitel später führt Gott die Szene weiter aus:

> *„Ihr werdet voller Freude in die Freiheit hinausziehen und wohlbehütet euren Weg gehen. Berge und Hügel brechen in Jubel aus, und die Bäume am Weg klatschen in die Hände. Anstelle der Dornenbüsche wachsen Zypressen, und wo heute Brennnesseln wuchern, schießen Myrtensträucher empor. Dadurch wird*

mein Name überall bekannt. Mit eurer Erlösung setze ich für immer ein Zeichen, das nicht mehr aus der Welt zu schaffen ist" (Jesaja 55,12-13).

An einigen Orten auf der Welt wird genau dies heutzutage verwirklicht. So hat beispielsweise ein einziger Mann auf Majuli, einer der größten Flussinseln der Welt (gelegen im Brahmaputra in der nordöstlichen Ecke von Indien), einen Wald gepflanzt, der heute mehr als fünfhundert Hektar umfasst. Die bereits erwähnte gemeinnützige Organisation *Plant With Purpose* hat weltweit mehr als zweihundert Mitarbeiter, die Jesajas Beschreibung Wirklichkeit werden lassen. Die von ihnen gepflanzten Bäume sind an sich schon wunderbar, aber noch viel schöner ist, dass dadurch Familien zusammenbleiben können. Denn wenn in der Heimat der Menschen Leben möglich ist und fruchtbares Land sie umgibt, sind sie nicht gezwungen auszuwandern und sich fernab der Familie eine neue Existenz aufzubauen.

Doch obwohl jedes Jahr auf der ganzen Welt viele Bäume gepflanzt und geerntet werden, ist die Zahl der gefällten Bäume im Verhältnis immer noch größer. Weltweit wurde 2017 jede Minute eine Fläche von der Größe von vierzig Fußballfeldern abgeholzt. Weniger als die Hälfte dieser Bäume werden neu gepflanzt.

WELCHE SUPERKRAFT HÄTTEN SIE GERNE?

Mein Sohn und ich haben zusammen mehr als fünfzig Jahre Bildung auf dem Buckel, dazu zählen u. a. zwei medizinische Doktortitel und vier staatlich geprüfte Ausbildungen. Wenn wir uns unterhalten, geht es meist sehr sachlich zu. Eines Tages aber kamen wir Jungs mal darauf zu sprechen, welche Superkraft wir gerne hätten.

Fliegen zu können, ohne sich an einen Schalter anstellen zu müssen, wäre fraglos verlockend. Und wäre es nicht toll, unter Wasser atmen zu können? Doch meinem Sohn fiel eine Superkraft ein, an die ich noch nie gedacht hatte: Bäume beliebig schnell wachsen lassen zu können.

„Stell dir das mal vor, Dad, du könntest im Nu Mangrovenbäume wachsen lassen und dadurch der Wucht eines Tsunamis etwas entgegensetzen. Ein dichter Wald könnte eine ganze Armee aufhalten. Niemand müsste mehr Hunger leiden. Jeder hätte genug Holz zum Bauen und um Feuer zu machen."

Es mag vielleicht seltsam klingen, aber jeder von uns besitzt bereits einen Teil dieser Superkraft. Wir können Bäume pflanzen und züchten. Allerdings können wir sie nicht augenblicklich emporwachsen lassen. Das Pflanzen, Wachsen und Pflegen der Bäume braucht Zeit, was uns zwingt, im Voraus zu planen. Insofern laden Bäume uns ein, mit Weitblick und über unser irdisches Leben hinaus zu denken. Genau dazu lädt auch Gott uns ein.

Jesaja sah eine Zeit voraus, in der das hebräische Volk *„Weinberge anpflanzen und ihren Ertrag selbst genießen"* kann. *„Denn in meinem geliebten Volk werden die Menschen so alt wie Bäume und genießen die Frucht ihrer Mühe"* (Jesaja 65,21-22). Jesajas Blick war unermüdlich auf die zukünftige Friedenszeit ausgerichtet. Sein Bild der kriegerischen Nationen, die eines Tages *„ihre Schwerter zu Pflugscharen"* umschmieden (Jesaja 2,4), ist so eindrücklich, dass eine Skulptur dieser Szene angefertigt wurde, die vor dem Sitz der Vereinten Nationen steht. Jesaja zufolge wird Gott selbst eines Tages alle Konflikte auf der Erde beenden:

„Gott selbst schlichtet den Streit zwischen den Völkern, und den vielen Nationen spricht er Recht. Dann schmieden sie ihre Schwerter zu Pflugscharen um und ihre Speere zu Winzermessern. Kein Volk wird mehr das andere angreifen; niemand lernt mehr, Krieg zu führen" (Jesaja 2,4).

„Freut euch, ihr Himmelswelten, denn der Herr hat gehandelt! Singt, ihr Tiefen der Erde, und ihr Berge, brecht in Jubel aus! Ihr Wälder, stimmt ein in das Lied, jeder Baum soll mitsingen!" (Jesaja 44,23).

OBSTGÄRTEN DES FRIEDENS

Vielleicht gibt es noch einen weiteren Grund, warum viele Christen den Bäumen in der Bibel nur wenig Bedeutung zumessen: Sie haben selbst noch nie die Früchte eines Baumes geerntet. Da sie weder Äpfel, Pfirsiche oder Birnen von einem Baum gepflückt haben, fällt ihnen vermutlich auch nicht auf, wie ausgiebig Amos, Jeremia, Jesaja, Micha, Hesekiel und andere Propheten Obstbäume als Metaphern für Gottes Frieden benutzen. Aber das sind nicht nur Metaphern.

Zu meinen schönsten Kindheitserinnerungen gehört die jährliche Apfelernte. Meiner Meinung nach kommt ein Obstgarten dem Bild vom Himmel schon sehr nahe. Er ist nicht nur schön in der Blütezeit und ertragreich bei der Ernte, sondern das ganze Jahr über wundervoll. Was gibt es Schöneres als einen blühenden Obstgarten voller Honigbienen? Ist es da noch verwunderlich, dass Gott dem hebräischen Volk ein Land versprach, in dem Milch und Honig fließen?

Früher haben wir als Familie im Herbst immer bei der Apfelernte in einem Obstgarten geholfen. Der Obstgarten lag in einer ländlichen Gegend am Südhang eines Hügels. Eine zehnminütige Kutschfahrt führte uns tief hinein in den Garten, weit weg von der Straße. Von dort aus konnte man die anderen Hügel und Höfe in der Umgebung überblicken und in der Stille die Vögel und Insekten hören, die den Garten offensichtlich genauso gern aufsuchten wie wir.

Oft waren wir mit einer anderen Familie dort, die zwei Mädchen im Alter unserer Kinder hatte. Nach dem Picknick unter den Bäumen machten die Kinder sich an die Arbeit. Sie kletterten die Äste hoch und runter und pflückten allerlei Apfelsorten: Golden Delicious, McIntosh, Macoun, Cortland. Meine Kinder behaupten heute noch, ich hätte bei der Ernte nie geholfen. Gut möglich, dass ich tatsächlich eingeschlafen bin, während ich dort im Gras lag und die Sonne mir ins Gesicht schien. Aber währenddessen bereitete ich mich gedanklich darauf vor, die Äpfel zu schälen, zu entkernen und einzulegen. Diese ganze Idylle hätte direkt aus Jesajas Feder stammen können, doch damals hatte ich von alledem noch keinen blassen Schimmer.

EIN SCHIER ENDLOSER WALD

Auf Jesaja folgt der nächste große Prophet: Jeremia. In seinen Schriften wie auch bei den nachfolgenden Propheten spielen Bäume eine wichtige Rolle. Gleich auf der ersten Seite des Buches Jeremia schreibt der Prophet von einer Begegnung mit

Gott: *„Dann fragte er mich: ‚Jeremia, was siehst du dort?‘ ‚Einen Mandelbaumzweig, dessen Blüten bald aufgehen‘“* (Jeremia 1,11).

Mandelbäume gehören zu den ersten Bäumen, die im Frühling blühen. An dieser und an anderen Stellen im Alten Testament wird der Mandelbaum als Zeichen dafür verwendet, dass Gottes Botschaft sich bald erfüllen wird.

In einer weiteren bekannten Passage in Jeremia 17 vergleicht Gott einen Menschen, der seine Hoffnung auf den Herrn setzt, mit einem Baum:

> *„Doch ich segne jeden, der seine Hoffnung auf mich, den Herrn, setzt und mir ganz vertraut. Er ist wie ein Baum, der nah am Bach gepflanzt ist und seine Wurzeln zum Wasser streckt: Die Hitze fürchtet er nicht, denn seine Blätter bleiben grün. Auch wenn ein trockenes Jahr kommt, sorgt er sich nicht, sondern trägt Jahr für Jahr Frucht“ (Jeremia 17,7-8).*

Bei unserem Streifzug durch die Bibel kommen wir zum Buch Hesekiel. Es ist eines der am dichtesten „bewaldeten“ Bücher der Bibel. Von dem Gleichnis des Adlers, der den Zweig einer Zeder abriss (siehe Hesekiel 17,1-10), bis zur erhabenen Zeder, die Gott in Israel pflanzt (siehe Hesekiel 17,22-23): Stets ist Gott der Gärtner, der Herr über alles Leben. *„Dann werden alle Bäume in Israel erkennen, dass ich, der Herr, den hohen Baum niedrig mache, den niedrigen aber hoch. Ich lasse den grünen Baum verdorren, den dürren aber lasse ich grün werden“* (Hesekiel 17,24).

Ein weiterer Prophet, Daniel, hatte eine eindrucksvolle Vision: Er träumte von einem riesigen Baum mit prächtigen Blättern und zahllosen Früchten, der Lebensgrundlage für alle Menschen und Tiere auf der Erde war (siehe Daniel 4,7-9).

Amos war Landwirt und pflanzte Maulbeerfeigenbäume an, bevor Gott ihn zum Propheten berief (siehe Amos 7,14-15). König Saul traf sich mit seinen Ratgebern unter einem Granatapfelbaum (siehe 1. Samuel 14,2) und König David wurde von Gottes Geist in einem Baum zum Kampf gerufen (siehe 2. Samuel 5,24). Nur mit seinem Hirtenstab und einem Ast, der Steinschleuder, bewaffnet, brachte David den Riesen Goliath zu Fall (siehe 1. Samuel 17,40-49). Und Davids eitler Sohn Absalom verfing sich mit seinen Haaren in den Ästen einer Eiche (siehe 2. Samuel 18,9).

Schließlich folgte König Salomo, der weiseste Mensch, der je gelebt hat. Kein Wunder, dass er sich bestens mit Bäumen auskannte: *„Er konnte alle Arten von Pflanzen genau beschreiben: von den hohen Zedern im Libanon bis zu den unscheinbaren Ysop-Pflanzen, die in Mauerrissen wachsen“* (1. Könige 5,13). Salomo baute ein Haus aus Zedernholz (siehe 1. Könige 7,2-3) und ließ sich von Hiram, der König von Tyrus, mit Zedern- und Zypressenholz aus dem Libanon versorgen (siehe 1. Könige 5,22-24).

Auch in den Psalmen begegnen wir einem Baum nach dem anderen. Abermals wird der Gläubige mit einem Baum verglichen: *„Wer Gott liebt, gleicht einer immergrünen Palme, er wird mächtig wie eine Zeder auf dem Libanongebirge. Er ist wie ein Baum, der im Vorhof des Tempels gepflanzt wurde und dort wachsen und gedeihen kann. Noch im hohen Alter wird er Frucht tragen, immer ist er kraftvoll und frisch“* (Psalm 92,13-15).

Gottes Feinde hingegen schwingen ihre *„Äxte im Dickicht des Waldes“* (Psalm 74,5; EÜ).

Und in einem Segensgebet in Psalm 128 heißt es: *„Deine Frau gleicht einem fruchtbaren Weinstock, der viele Reben trägt: Die*

Kinder um deinen Tisch sind so zahlreich wie die jungen Triebe eines Ölbaums!" (Psalm 128,3). Wie könnte man eine mit Kindern gesegnete Familie passender beschreiben?

Ich könnte jetzt noch viel weiter ausholen und auf all die Bäume hinweisen, die bei den Propheten und Königen und in weiteren Büchern des Alten Testaments genannt werden. Doch vielleicht machen Sie sich einfach mal selbst auf die Suche nach ihnen.

NEU ÜBER BÄUME NACHDENKEN

Als ein musikbegeisterter Psychiater mir vor fast vierzig Jahren Händels *Messias* vorspielte, kam ich erstmals (und zunächst, ohne es zu wissen) mit dem Buch Jesaja in Kontakt. Ob diese Schallplattenauswahl nun Zufall oder eine glückliche Fügung war, weiß ich (noch) nicht. Auf jeden Fall sind die Samen, die er damals ausgesät hat, Jahrzehnte später aufgegangen.

Ich lade Sie ein, einen Moment innezuhalten, wenn Sie beim Bibellesen einem der vielen Bäume begegnen, die in diesem Überblick über das Alte Testament nicht erwähnt wurden. Bäume sind ein Geschenk Gottes – auch in Ihrem Leben! Vielleicht hören auch Sie die Stimme des Gärtners im Klang einer Stradivari oder im Bass einer E-Gitarre. Gott zeigt sich uns auf vielerlei Weise – auch durch Bäume.

Und nun zum besten Teil der Geschichte: zu Jesus, dem wahren Weinstock.

JESUS, DER WAHRE WEINSTOCK

„Ich bin der wahre Weinstock, und mein Vater ist der Weingärtner. Alle Reben am Weinstock, die keine Trauben tragen, schneidet er ab. Aber die Frucht tragenden Reben beschneidet er sorgfältig, damit sie noch mehr Frucht bringen."

Johannes 15,1-2

Das Leben Jesu ist von seiner Geburt in einer hölzernen Futterkrippe bis zu seinem Tod am Kreuz untrennbar mit Bäumen verbunden. Im Neuen Testament ist immer wieder die Rede von Wurzeln, Früchten, Böden, Ästen, Reben und Samen. Wir begegnen fast einem ganzen Wald an Bäumen – angefangen bei den ersten Worten des Matthäusevangeliums, die den Stammbaum Jesu skizzieren, bis zum letzten Kapitel der Offenbarung, das den Baum des Lebens als Zentrum des Himmels beschreibt.

Da die Präsenz und Symbolik von Bäumen in der Geschichte von Jesus so stark in den Vordergrund treten, geht es in diesem Kapitel zunächst um einige zentrale Stellen aus seinem Leben, in denen Bäume eine wesentliche Rolle spielen.

„BAUMGESCHENKE“

Kurz nach Jesu Geburt kamen drei Weise aus dem Osten nach Bethlehem, wo sie den neugeborenen König vorfanden. Sie hatten ihm Geschenke mitgebracht: Gold, Weihrauch und Myrrhe. Weihrauch und Myrrhe werden aus Bäumen hergestellt. Es handelt sich hierbei um gummiharzartige Produkte, die aus der Rinde eines Weihrauchbaums (*Boswellia*) beziehungsweise eines Balsamstrauchs (*Commiphora*) gewonnen werden.

Haben Sie Ihren Nachbarn schon einmal eine Topfpflanze geschenkt? Jemandem in der Weihnachtszeit mit einem Adventskranz eine Freude gemacht? Oder einen Baum bei einer Schulfeier gepflanzt? Solche „Baumgeschenke“ folgen dem Beispiel der Weisen.

Anschließend wuchs Jesus in Nazareth auf und arbeitete in der Schreinerei seines Vaters Josef. Dort war er ständig von Baumstämmen, Brettern und Sägemehl umgeben. Sein ganzes Leben war Jesus nie weiter als einen Steinwurf von einem Baum entfernt.

SEIN GANZES LEBEN WAR JESUS NIE WEITER ALS EINEN STEINWURF VON EINEM BAUM ENTFERNT.

DAS TREFFEN UNTER DEM FEIGENBAUM

Nachdem er vierzig Tage in der Wüste verbracht hatte, versammelte Jesus eine Schar von Jüngern um sich. Philippus, einer der ersten Jünger, erzählte seinem Freund Nathanael (auch Bartholomäus genannt), dass er den Messias gefunden habe, *„von dem Mose im Gesetz geschrieben hat und den die Propheten angekündigt haben. Es ist Jesus aus Nazareth"* (Johannes 1,45). Nathanael erwiderte darauf bekanntermaßen: *„Nazareth? Was kann von da schon Gutes kommen!"* (Vers 46). „Komm mit und überzeuge dich selbst", drängte Philippus ihn. Als Jesus Nathanael erblickte, bemerkte er: *„Hier kommt ein wahrer Israelit, ein ganz und gar aufrichtiger Mensch!"* (Vers 47). Das Kompliment beeindruckte Nathanael.

Jesus hatte ihn zuvor bereits beobachtet, als er unter einem Feigenbaum saß (siehe Vers 48). Die Bibel verrät nicht, was Nathanael unter dem Feigenbaum getan oder an was er gedacht hatte, doch durch die bloße Erwähnung des Feigenbaumes ist er sich absolut sicher, dass der Messias vor ihm steht.

Bei der Erwähnung von Nazareth als möglichen Heimatort des Messias dachte Nathanael nicht an die Worte des Propheten Jesaja: *„Gott ließ seinen Diener emporwachsen wie einen jungen Trieb aus trockenem Boden. Er war weder stattlich noch schön. Nein, wir fanden ihn unansehnlich, er gefiel uns nicht!"* (Jesaja 53,2). Obwohl die genaue Bedeutung des Namens Nazareth nicht bekannt ist, gehen Bibelexperten davon aus, dass der Ort nach einem Zweig benannt ist. Wie Jesaja voraussagte, sollte aus diesem Ort, der möglicherweise nach einem jungen Baum benannt war, der Messias kommen!

Jesus setzte sein Gespräch fort und sprach von der Leiter, von der Jakob vor so langer Zeit geträumt hatte: *„Ihr werdet den Himmel offen und die Engel Gottes hinauf- und herabsteigen sehen zwischen Gott und dem Menschensohn!"* (Johannes 1,51).

Mit anderen Worten: „Ich (Jesus) *bin* die Leiter, die in den Himmel führt." Und schon in dieser Ankündigung eines Rettungsplans finden sich Bäume beziehungsweise verarbeitetes Holz wieder.

ZACHÄUS AUF DEM MAULBEERFEIGENBAUM

Nathanael war nicht der Einzige, dem Jesus begegnete, wo der Baum eine zentrale Rolle spielte. In Kapitel 19 des Lukasevangeliums erfahren wir davon, wie Jesus in Jericho einen Sünder rettete, der in einem Baum saß.

Als Jesus in die Stadt kam, hatten sich die Berichte über seine Wunder bereits in der ganzen Gegend verbreitet. Jeder wollte ihn sehen und von ihm gesehen werden. So auch der reiche Zachäus. Keiner wollte mit diesem Gauner etwas zu tun haben. Sein Name bedeutet übersetzt „rein", doch das war er ganz und gar nicht. Er war ein Verräter, ein Kollaborateur der Römer, die zu dieser Zeit über die Israeliten herrschten. Schlimmer noch: Er war ein Steuereintreiber und Betrüger. Er konnte sich zwar teure Kleidung und ein prachtvolles Haus leisten, doch dafür verachteten ihn sowohl die Juden wie auch die Römer. Zu allem Übel war er auch noch recht klein, sodass seine Mitmenschen buchstäblich auf ihn herabsahen.

Auch den Tempel durfte Zachäus nicht betreten. Als Ausgestoßener hatte er keine Anlaufstelle, wo er seine Sünden loswerden konnte. Doch nun hatte er gehört, dass ein neuer Rabbi in der Gegend war, ein Rabbi, der so ganz anders sein sollte als die anderen. Er hatte gehört, dass dieser neue Rabbi Sünden vergibt. Ganz ohne Gebühren, Opfer, Steuern oder Tempel.

Zachäus wollte unbedingt diesen Mann namens Jesus sehen. Die Stadt war voller Menschen, die Jesus umringten. Deshalb kletterte er auf einen Maulbeerfeigenbaum, um einen Blick auf diesen Rabbi zu erhaschen. Als Jesus an dem Baum vorbeikam, sah er hinauf und rief: *„Zachäus, komm schnell herunter! Ich soll heute dein Gast sein!"* (Lukas 19,5).

Wann wohl das letzte Mal ein Rabbi mit ihm gesprochen hatte? Es muss lange her gewesen sein. Voller Freude und Überraschung kletterte der kleinwüchsige Steuereintreiber flugs vom Baum hinunter und führte Jesus zu sich nach Hause.

Die Menschen waren entrüstet, als sie das sahen. Wie konnte der geschätzte Rabbi mit diesem fiesen Verräter sprechen – geschweige denn bei ihm essen?

„DER MENSCHENSOHN IST GEKOMMEN, UM VERLORENE ZU SUCHEN UND ZU RETTEN."

Wenig später öffnete Zachäus die Eingangspforte seines Anwesens, trat heraus und stellte sich der Menge. Man stelle sich die Szene heute vor: Vermutlich hätte ein Blitzlichtgewitter eingesetzt und Reporter hätten versucht, mit ihren Mikrofonen möglichst nah ans Geschehen heranzukommen. Zachäus hatte beschlossen, einiges wieder ins rechte Lot zu bringen. Dazu gehörte auch, das Geld an diejenigen zurückzugeben, die er ausgebeutet hatte. Er sagte: *„[I]ch werde die Hälfte meines Vermögens an die Armen verteilen, und wem ich am Zoll zu viel abgenommen habe, dem gebe ich es vierfach zurück"* (Lukas 19,8). Jesus erwiderte daraufhin: *„Heute hat Gott dir und allen, die in deinem Haus leben, Rettung gebracht. Denn auch du bist ein Nachkomme von Abraham. Der Menschensohn ist gekommen, Verlorene zu suchen und zu retten"* (Verse 9-10).

Zachäus kletterte als Sünder auf den Baum und kam als Erlöster wieder herunter. Es war, als hätte Jesus zu ihm gesagt: „Du brauchst dich nicht mehr hinter, unter oder auf einem Baum zu verstecken. Ich bin gekommen, um dich zu retten. Ich bin gekommen, damit du frei sein kannst."

DIE SPRACHE DER NATUR

Bäume werden von Jesus mit am häufigsten als Metapher verwendet, um seine Zuhörer vor Irrlehren zu warnen:

> *„Nehmt euch in Acht vor denen, die in Gottes Namen auftreten und falsche Lehren verbreiten! Sie kommen zu euch, getarnt als Schafe, aber in Wirklichkeit sind sie reißende Wölfe. Wie man einen Baum an seiner Frucht erkennt, so erkennt ihr sie an dem, was sie tun. Kann man etwa Weintrauben von Dornbüschen oder Feigen von Disteln pflücken? Natürlich nicht! Ein guter Baum bringt gute Früchte und ein kranker Baum schlechte. Ein guter Baum kann keine schlechten Früchte tragen und ein kranker Baum keine guten. Jeder Baum, der keine guten Früchte bringt, wird umgehauen und verbrannt. Ebenso werdet ihr diese falschen Propheten an ihren Taten erkennen" (Matthäus 7,15-20).*

Ganz ähnlich lauten Jesu Worte in Matthäus 12,33: *„Wie der Baum, so die Frucht! Ein guter Baum trägt gute Früchte, ein schlechter Baum trägt schlechte Früchte."* Und er warnt weiter: *„Jede Pflanze, die nicht von meinem himmlischen Vater gepflanzt worden ist, wird ausgerissen werden"* (Matthäus 15,13).

Bäume gehören einfach zum Wortschatz von Jesus. Wie ein roter Faden ziehen sie sich durch die gesamte Bibel. Denn Jesus bediente sich einer sehr präzisen Sprache und überließ in seinen Reden nichts dem Zufall. Seine Worte waren geprägt von der Natur und buchstäblich in ihr verwurzelt.

Einige Wissenschaftler führen dies darauf zurück, dass der Sprachgebrauch von Jesus bloß die damalige Kultur widerspiegelte und er in einer leicht verständlichen Volkssprache kommuniziert habe. Doch es gibt mehrere gute Gründe, diese These zu hinterfragen.

Erstens kann ich keinerlei Hinweise darauf finden, dass die Zeitgenossen von Jesus einen ähnlichen Ton anschlugen oder aus derselben naturbetonten Sprachquelle schöpften. Liest man Ovid, Homer, Julius Cäsar und andere Schriftsteller aus der Antike, hört sich ihre Sprache ganz anders an. Keiner von ihnen verwendet durchweg Motive aus der Natur. Darüber hinaus ist der Sprachgebrauch von Jesus präzise und akkurat selbst in Wissensbereichen, die damals noch gar nicht existierten. Beispielsweise werden in der Bibel insgesamt 24 verschiedene Edelsteine erwähnt, doch Jesus erwähnt nur eine Perle. Was ist so besonders an einer Perle? Sie ist der einzige „Edelstein", der aus organischen Verhärtungen besteht, die von einem nicht organischen Kern umschlossen sind. Mit anderen Worten: Die Perle ist der einzige Edelstein, der sich sowohl aus organischem wie auch nicht organischem Material zusammensetzt.

Zweitens übernahm Jesus in seinem Sprachgebrauch keine der damals herrschenden und heute widerlegten Wissenschaftstheorien. Sprach er etwa von der Funktionsweise des menschlichen Körpers, so bezog er sich nicht auf die zeitgenössischen Vorstellungen des ersten Jahrhunderts. Er erwähnt nirgends die weitverbreitete Vier-Säfte-Lehre, obwohl die Menschen zu seinen Lebzeiten davon ausgingen, dass neben Blut auch Gelbe Galle, Schwarze Galle und Schleim die Menschen am Leben erhielten. Der Bibel spricht hingegen von Blut allein. Viele Jahrhunderte später fanden Wissenschaftler heraus, dass es tatsächlich das Blut ist, das für den Sauerstoffkreislauf im Körper zuständig ist und uns somit am Leben hält.

Auch erwähnte Jesus nirgends die Pflanzen, die Plinius zufolge Schafe erzeugten und die der römische Gelehrte in seinem enzyklopädischen Werk zur Naturkunde beschrieb. Es fehlen auch Plinius' mystische Kreaturen mit Hundegesichtern oder einem einzigen riesengroßen Fuß – die Schattenfüßler. Genauso wenig sprach Jesus von einem Phönix, der damals als reales Wesen galt und von Plinius, Herodotus und Ovid als Bild der Auferstehung gebraucht wurde. Stattdessen benutzte Jesus das Bild eines Baumes.

Erst kürzlich haben Archäologen bestätigt, dass der Baum eine perfekte Metapher für die Auferstehung ist. Wie hätte schließlich sonst aus einem Dattelkern nach zweitausend Jahren neues Leben entstehen können? In den USA existiert ein Baum, der mehr als 4.800 Jahre alt ist. Bäume sind die ältesten Lebewesen auf dieser Erde und die einzigen, von denen bekannt ist, dass sie noch nach Jahrtausenden wieder zum Leben erwachen können.

Jesus bediente sich nicht bloß der einfachen Sprache seiner Zeit, seine Sprache war auch frei von Irrtümern – ganz im Gegensatz zu den Schriften der damaligen Gelehrten.

Es ist auffällig, dass die Bibel diese frühen Irrtümer und Irrlehren ausklammert. Woher wussten ihre Schreiber beispielsweise, dass das Denken im Gehirn stattfindet? Im alten

Ägypten sah man das anders. Dort wurden nach dem Tod eines Menschen die Bauchspeicheldrüse, der Darm und andere Organe in Kanopenkrügen aufbewahrt, um den Verstorbenen auch im Jenseits das Denken zu ermöglichen. Die Gehirne der Mumien wurden hingegen weggeworfen. Doch die Bibel lokalisiert unser Gedächtnis an der Stirn, dem Gehirn (siehe 5. Mose 6,8). Deshalb tragen viele orthodoxe Juden heute noch Tefillin (kleine schwarze Kästchen, die Bibelverse enthalten) um ihre Stirn gebunden. Damit vermittelte Gott als Urheber des Alten Testaments, dass wir mit unserem Gehirn denken – Jahrtausende, bevor Menschen diese Entdeckung machten.

Das dritte und vielleicht überzeugendste Argument, um die oben genannte These zu widerlegen, lautet: Wenn Jesus sich der gängigen Sprache bediente, warum verstanden ihn dann seine Jünger so oft nicht? Warum war es notwendig, dass Jesus ihnen die Bedeutung seiner Gleichnisse oft mitlieferte, da sie sie sonst nicht auf ihr Leben hätten übertragen können? Warum musste er selbst seinen besten Freunden diese Gleichnisse erklären?

Als Jesus sagte: *„Ich bin der wahre Weinstock, und mein Vater ist der Weingärtner"* (Johannes 15,1) oder: *„Wenn ihr viel Frucht bringt und euch so als meine Jünger erweist, wird die Herrlichkeit meines Vaters sichtbar"* (Johannes 15,8), wählte er seine Worte mit Bedacht. Wenn wir diese von der Natur geprägte Sprache wieder in unser Vokabular aufnehmen, werden die Geschichten und Gleichnisse von Jesus vielschichtiger. Jesu Worte werden verständlicher und können in unserem Leben tiefere Wurzeln schlagen.

GLEICHNISSE VOLLER BÄUME UND BLUMEN

Jesus bekam bei seiner Geburt Geschenke, die aus Bäumen hergestellt waren. Als Zimmermann war er ständig von Bäumen umgeben und begegnete Menschen, die sich unter oder auf Bäumen aufhielten. Weiterhin sprach er häufig von Bäumen, um seinen Zuhörern etwas zu veranschaulichen – und das nicht nebensächlich oder zufällig. Er redete über Splitter und Balken in den Augen der Menschen (siehe Matthäus 7,3-5). Und Jesus gebrauchte Gleichnisse, sogenannte Parabeln, um über die Schönheit der Bäume zu sprechen.

Das Wort *Parabel* ist griechischen Ursprungs und bedeutet, etwas zum Vergleich nebeneinanderzustellen. Das ist beispielsweise nützlich, um die tatsächliche Größe eines Gegenstandes zu ermitteln. Denn liegen zwei Dinge nebeneinander, lässt sich ihre Größe und ihr Verhältnis zueinander besser bestimmen. Doch welchen Maßstab benutzt man, um Gerechtigkeit, Mitgefühl oder Schönheit zu messen? Hierfür können Gleichnisse von Nutzen sein.

In den Gleichnissen von Jesus wimmelt es nur so von Samen, Bäumen, Ästen und Reben. Beispielsweise sprach er von einem Feigenbaum, der aufgrund seines Bodens keine Früchte hervorbrachte und dennoch nicht gefällt wurde, um Gottes Wesen, sein Erbarmen, seine Gnade und Gerechtigkeit zu beschreiben:

IN DEN GLEICHNISSEN VON JESUS WIMMELT ES NUR SO VON SAMEN, BÄUMEN, ÄSTEN UND REBEN.

„Ein Mann hatte in seinem Weinberg einen Feigenbaum gepflanzt. Jahr für Jahr sah er nach, ob der Baum Früchte trug. Aber

vergeblich! Endlich rief er seinen Gärtner: ‚Schon seit drei Jahren komme ich immer wieder und schaue nach Früchten, aber ich finde keine. Hau den Baum um. Warum soll er den Boden weiter aussaugen?' Aber der Gärtner bat: ‚Herr, lass ihn noch ein Jahr stehen! Ich will den Boden um den Baum herum noch einmal umgraben und ihn gut düngen. Wenn er dann Früchte trägt, ist es gut; sonst kannst du ihn umhauen'" (Lukas 13,6-9).

Doch wie sollen wir die durch die Natur geprägte Sprache der Gleichnisse verstehen können, wenn der Wald – sowohl in der Bibel als auch auf der Erde – vor unseren Augen verschwindet?

In Matthäus 6,28-30 stellte Jesus in einem eindrucksvollen Vergleich den von Menschen geschaffenen Reichtum mit von Gott erschaffener Schönheit gegenüber, um Gottes Fürsorge für uns zu verdeutlichen. Um den Vergleich in seiner ganzen Tragweite zu verstehen, ist es notwendig, sich in die Zeit von König Salomo hineinzuversetzen. Jesus wählte dieses Bild nämlich ganz bewusst, um bei seinem Publikum die Erinnerung an den größten Herrscher Jerusalems wachzurufen. Reisen wir also einmal fast dreitausend Jahre in die Vergangenheit zurück und begeben uns nach Jerusalem. Die Stadt war voller Menschen, alle wollten den König sehen, der heute eine Gesandtschaft ausländischer Würdenträger empfangen sollte. Zu diesem besonderen Anlass sollte Salomo seine prächtigsten Gewänder tragen.

Salomo war nicht bloß irgendein König. Er war der Urtyp von Platons Philosophen-König schlechthin. Er war ein höchst angesehener Schriftsteller und Naturforscher. Die Wirtschaft boomte unter seiner Herrschaft und in seinem Reich herrschte Frieden

In einer feierlichen Zeremonie, die minutiös geplant und an Glanz kaum zu überbieten war, schritt König Salomo zum Tor seines Palastes. Kein König war je prachtvoller gekleidet: Seine Gewänder aus den feinsten Stoffen waren verziert mit kostbaren Edelsteinen. Kein König hatte einen prächtigeren Hof oder ein glanzvolleres Gefolge als Salomo. Als er in die Sonne trat, erhob sich ein ehrfurchtsvolles Raunen in der Menschenmenge. Was für ein imposanter Auftritt!

Warum ist mir diese Szene aus dem alten Jerusalem zur Zeit von Salomos Herrschaft so wichtig? Weil Jesus seine Zuhörer aufforderte, sich diese Szene bildlich vorzustellen. Er verwies dabei auf König Salomo *„in seiner ganzen Herrlichkeit"* (Matthäus 6,29). Dann stellte er dem mächtigen Salomo etwas entgegen, das den größten aller Könige noch an Schönheit überstrahlte: eine Blume. Jesus sagte, wenn wir uns Salomo in seiner ganzen Herrlichkeit vorstellen und mit einer Blume vergleichen, gewinnt die Blume. Ein einziges Gänseblümchen, eine einzige Lilie oder ein einziges Veilchen ist prachtvoller und eleganter gekleidet, als der größte König aller Zeiten bei einer Staatsparade geschmückt war.

Besonders bemerkenswert an diesem Vergleich ist die Symbolik, die Blumen in der Bibel einnehmen. Im Gegensatz zu den langlebigen Bäumen stehen Blumen für alles Flüchtige und Kurzlebige. In Hiob 14,1-2, Psalm 103,15-16, Jesaja 40,6-8, Jakobus 1,10 und 1. Petrus 1,24 ist dies beispielsweise nachzulesen. Und auch in dem von Jesus angeführten Vergleich selbst ist die Blume am nächsten Tag bereits verblüht (siehe Matthäus 6,30). Jesus stellte keine Zeder aus dem Libanon, keinen Mammutbaum, keine Eiche, keine Orientalische Platane oder ähnlich beeindruckende Riesen zum Vergleich neben

Salomo. Er maß Salomos Herrlichkeit noch nicht einmal an einer Magnolie, einer Trauerkirsche oder einem blühenden Mandelbaum. Nein, er verwies auf eine bescheidene Wiesenblume und erklärte somit, dass seinem Vater diese Pflanzen viel bedeuten. Doch im Vergleich zu Gottes Wort werden selbst Blumen und Bäume zur Nebensache: *„Das Gras verdorrt, die Blumen verwelken, aber das Wort unseres Gottes bleibt gültig für immer und ewig"* (Jesaja 40,8).

DIE VIRTUELLE WELT

Ein anderer kurzer Vergleich: Angenommen, wir Menschen könnten unser eigenes Universum schaffen. Wie würde es wohl aussehen? Da Menschen keine Materie aus dem Nichts erschaffen können, mag die Frage uns sinnlos erscheinen. Doch in gewissem Sinne haben wir Menschen durchaus unsere eigene Welt erschaffen, und zwar ein virtuelles Universum. Wir haben Computer, das Internet und künstliche Intelligenz erfunden. Gott erschuf eine Welt, die aus Kohlenstoff besteht. Der Mensch erschuf eine Welt, die auf Silizium basiert.

Wie geht es unserer neu geschaffenen digitalen Welt? Ist sie sauber, hell und von Licht durchflutet? Ist sie frei von Tod, Krankheit und Leid? Ist unsere virtuelle Welt ein Ort des Friedens und Einklangs?

Natürlich ist die von Menschen erschaffene Welt genauso von Sünde beeinflusst wie die reale Welt, vielleicht sogar noch stärker. Sie existiert zwar erst seit wenigen Jahrzehnten und doch wimmelt es dort bereits von Viren, Malware und Trojanern. Kriminelle treiben ihr Unwesen. Diebstahl lauert überall. Sucht ist real. Menschen werden gestalkt, tyrannisiert und bedroht. Jedes der Zehn Gebote kann auch im Cyberspace gebrochen werden.

MENSCHLICHE MASSSTÄBE

Wie sehr liebt Gott die Welt? So sehr, dass er seinen einzigen Sohn gesandt hat, um für sie zu sterben: *„Denn Gott hat der Welt seine Liebe dadurch gezeigt, dass er seinen einzigen Sohn für sie hergab, damit jeder, der an ihn glaubt, das ewige Leben hat und nicht verloren geht. Gott hat seinen Sohn nicht in die Welt gesandt, um sie zu verurteilen, sondern um sie durch ihn zu retten"* (Johannes 3,16-17; NGÜ). Gott liebt also die ganze Schöpfung, nicht nur die Menschen, die darin leben, sondern auch die Pflanzen und Tiere. Doch wie sehr liebt er die Menschen? Jesus gibt uns da die Antwort.

Haben Sie versehentlich schon einmal ein Tier überfahren oder einen Vogel beobachtet, der gegen eine Fensterscheibe fliegt? Das ist ein furchtbarer Anblick. Wir seufzen, wenn das passiert. Wir empfinden Trauer und Verlust, wenn wir ein Tier sterben sehen. Die Welt ist gerade um einen Spatzen ärmer geworden. Mit dieser Reaktion sind wir nicht allein. Jesus sagte, dass kein einziger Spatz auf die Erde fällt, ohne dass unser Vater im Himmel davon weiß (siehe Matthäus 10,29).

So wie wir seufzen, wenn ein Spatz an unserer Windschutzscheibe aufprallt, so stöhnt auch Gott. Und doch sagte Jesus, dass wir Menschen viel mehr wert sind als Spatzen. Die meisten von uns versuchen nun sofort, sich auszumalen, wie sehr Gott uns Menschen liebt. Und er liebt uns tatsächlich mehr, als wir jemals begreifen können. Doch Jesus wollte mit seinem Vergleich auch vermitteln: „Wie könnt ihr verstehen, wie sehr Gott euch liebt, wenn ihr nicht mal versteht, wie sehr er einen kleinen Spatzen liebt?“

Für uns mögen unser Haus, unser Auto oder unser Smartphone eine größere Bedeutung haben als andere materielle Dinge, doch Gott hat eine vollkommen andere Werteskala als wir Menschen. Er liebt Vögel und Bäume (siehe Psalm 84,4). Er hat den Planeten so konzipiert, dass es ohne Vögel und Bienen, Blumen und Bäume auch keine Menschen geben könnte. Deshalb eignen sich Tiere und Pflanzen auch so gut als Beispiel, um Gottes Liebe zu uns zu verdeutlichen. Sie aus der Bibel und unserer Theologie zu streichen, würde die Möglichkeiten schmälern, wie Gott uns seine Liebe zeigen kann. Es würde Jesus in die Rolle eines Versicherungsvertreters für das Jenseits degradieren und ihn nicht würdigen als den, der die ganze Schöpfung erhält (siehe Johannes 1,3) und erschaffen hat (siehe Kolosser 1,16-17). Wenn Menschen zum Maßstab aller Dinge werden, schränken wir Gottes Größe ein.

WENN MENSCHEN ZUM MASSSTAB ALLER DINGE WERDEN, SCHRÄNKEN WIR GOTTES GRÖSSE EIN.

Denken wir zurück an die Szene, als Hiob mit seinen Freunden darüber debattierte, warum die Welt so ist, wie sie ist, und Gott anschließend selbst die Bühne betrat. Gott versuchte nicht, die Welt in menschlichen Dimensionen zu erklären. Vielmehr nahm er Hiob mit auf eine Entdeckungstour durch seine Schöpfung, tief hinab ins Meer und hoch hinauf zu den Sternen. Damit legte Gott nicht nur einen Lehrplan für die nachfolgenden Jahrtausende fest, sondern forderte uns auch auf, uns selbst nicht zu überschätzen, indem er uns fragte: *„Wo warst du, als ich das Fundament der Erde legte?“* (Hiob 38,4).

BÄUME ALS ORTE DES FRIEDENS

Jesus zog sich gerne zurück, wenn er Ruhe oder Erholung brauchte, zog es ihn in die Natur. Sein Lieblingsort war ein Olivenhain auf dem Ölberg. Jesus suchte diesen Garten auf, wenn er müde, entmutigt oder niedergeschlagen war. Es war für ihn ein Ort der Stille und des Friedens.

WENN WIR MÜDE, ENTMUTIGT ODER FRUSTRIERT SIND, KÖNNEN WIR IN DER NATUR TROST BEI GOTT SUCHEN.

Wann immer der öffentliche Trubel um seine Person ihm zu viel wurde, suchte Jesus unter Bäumen die Nähe zu seinem Vater und betete. Wir können uns da Jesus als Vorbild nehmen: Wenn wir müde, entmutigt oder frustriert sind, können wir seinem Beispiel folgen und in der Natur Trost bei Gott suchen.

Gehen wir also in den Wald, setzen uns unter einen Baum und beten. Dort, unter einem schützenden Dach aus Zweigen, können wir wie Jesus zur Ruhe kommen und lässt sich zweifellos erkennen, dass Gott der Herr ist.

„Erkennt, dass ich Gott bin!
Ich stehe über den Völkern;
ich habe Macht über die ganze Welt."
Psalm 46,11

12

JESUS, DER GEKREUZIGTE

„Christus hat unsere Sünden auf sich genommen und sie am eigenen Leib zum Kreuz hinaufgetragen. Das bedeutet, dass wir für die Sünde tot sind und jetzt leben können, wie es Gott gefällt. Durch seine Wunden hat Christus euch geheilt."

1. Petrus 2,24

Der letzte Nagel vergrub sich tief in Tommy Newmans Knochen. Er hatte mit seinen Zehen und einem Knie ein Brett gehalten, während sein Kollege es mit einem Druckluftnagler festnagelte. Alles lief nach Plan, doch auf der Höhe des Knies schoss ein Nagel ins Leere und weiter, bis er etwas Festes gefunden hatte: Tommys Knochen. Tommy war buchstäblich ans Haus genagelt worden.

Seine Kollegen versuchten sofort, ihn zu befreien, doch ein Nagel lässt sich bekanntlich nicht so leicht wieder herausziehen. Jeder Versuch, ihm zu helfen, fühlte sich für Tommy so an, als würde er erneut ans Haus festgenagelt.

Die Arbeiter lösten die Nägel von den oberen und unteren Planken, wodurch Tommy zumindest nicht mehr am Haus festhing. Aber als er in der Notaufnahme ankam, war sein Knie immer noch fest an die zwei 2,5 Meter langen Bretter genagelt.

Ich hatte gerade Dienst und stellte mich bei Tommy mit den Worten vor: „Ich verfüge über mehr Arzneimittel in diesem Krankenhaus, als Sie Schmerzen haben." Es war immer erstaunlich für mich, wie beruhigend dieser Satz auf Patienten wirkte.

Becky, die diensthabende Krankenschwester, legte bereits die Infusion und erkundigte sich bei Tommy, ob er gegen Schmerzmittel allergisch sei. Da ich den Nagelkopf nicht sehen konnte, machten wir mit einem tragbaren Röntgengerät eine Aufnahme. Zum Glück war der diensthabende Chirurg gerade in der Nähe und ich zeigte ihm das Röntgenbild. „Wie viel Holz hängt noch am Nagel?", fragte er.

„Schau mal um die Ecke", erwiderte ich.

„An dem hängt ja noch das halbe Haus!", rief der Chirurg entgeistert und suchte fieberhaft nach einer Lösung. „Können Sie die Bretter abbekommen und den Nagel hier in der Notaufnahme herausziehen? Ich hol ihn dann hinterher ab und versorge die Wunde." Ich sah förmlich, wie sein Gehirn auf Hochtouren lief.

Ich fragte Tommys Kollegen, ob sie irgendwelche Werkzeuge bei sich hätten. Glücklicherweise waren sie mit ihrem Firmenwagen gekommen und ich bat um eine Flachschiene, einen Nagelheber und zwei Klauenhammer. Ich fügte hinzu: „Ach ja, ich bräuchte auch eine Handsäge, am besten eine japanische, die beim Ziehen schneidet."

Nachdem die Werkzeuge alle in Reichweite waren, bat ich die Schreiner um Hilfe. Mit leichten Schlägen schob ich die Flachschiene zwischen die beiden Bretter, während einer der Männer auf der andere Seite einen Hammer gegen das Holz hielt. Ein alter Tischlertrick. So kann man einen Nagel auch durch ein Brett schlagen, das mitten in der Luft hängt. Auf diese Weise waren wir in der Lage, Tommys Bein still zu halten. Schnell hatte ich die beiden Bretter voneinander getrennt. Nun war Tommy nur noch an ein einziges Brett genagelt, was immerhin schon ein Fortschritt war. Die Schreiner machten große Augen. Ich legte das freie Brett über ein Bettende und sägte von oben drei viertel durch, dann drehte ich die Säge um und sägte zu Ende. Dadurch erhielt ich einen kleinen quadratischen Holzblock ohne Splitter. Und ja, ich protzte ein wenig mit meinem Können. Anschließend hielt ich den Nagelkopf mit einer Zange fest und zog ihn seitlich an, um den Nagel zu lösen. Als Nächstes legte ich den 15 Zentimeter großen Holzblock, den ich abgesägt hatte, unter den Hammer und zog den Nagel sanft aus Tommys Knie.

„Wo um alles in der Welt haben Sie gelernt, so mit Werkzeugen umzugehen?", fragte einer der Männer anerkennend. Ich mochte diese Kerle, daher konnte ich mir einen Witz nicht verkneifen. Mit ernstem Gesicht erwiderte ich: „Wir mussten das im Medizinstudium lernen, bevor wir unseren Abschluss bekamen." Einen Moment lang schienen sie mir zu glauben. Doch schließlich erzählte ich ihnen, dass ich vor meinem Studium sieben Jahre selbst als Schreiner gearbeitet hatte. „Und um die Wahrheit zu sagen", fügte ich hinzu, „finde ich den Arztberuf leichter als das Tischlern. Denn schneidet man bei einem Menschen etwas zu kurz ab, kann man es immer noch strecken!"

AN EINEN BAUM GENAGELT

Ärzte spielen manchmal gerne Gott. So waren Tommys Kollegen zunächst tief beeindruckt von meinen Fähigkeiten, weil ich es nicht erwähnt hatte, dass ich früher Schreiner gewesen war. Vor zweitausend Jahren wurde hingegen ein Schreiner, der tatsächlich Gott war, an einen Holzbalken genagelt und das war kein Unfall.

Ich kann mir nur schwer vorstellen, was in den Köpfen der Soldaten vorging, als sie die Nägel durch den Körper von Jesus trieben. Die Bibel berichtet nicht über ihre Gedanken. Wir wissen nur, dass einige der anwesenden Männer Jesus verspotteten und um sein Gewand würfelten. Wir erfahren aber, was Pilatus, der Mann, der das Todesurteil über Jesus sprach, am Tag der Kreuzigung durch den Kopf ging. Er hatte offenbar eine Vorliebe für kurze, prägnante Sätze. Hier eine kurze Zusammenstellung:

- „Was ist Wahrheit? (Johannes 18,38; SCHL).
- „Seht, welch ein Mensch!" (Johannes 19,5; SCHL).
- „Was ich geschrieben habe, habe ich geschrieben!" (Johannes 19,22; SCHL).

Die Worte „Jesus aus Nazareth, der König der Juden" (Johannes 19,19) wurden auf ein Schild geschrieben und über Jesus ans Kreuz genagelt. Pilatus wollte, dass niemand diese Worte übersah, also ließ er sie gleich in drei Sprachen aufschreiben: Griechisch, Hebräisch und Latein.

Jesus war alles andere als einfach zu töten. Immerhin war er zu hundert Prozent Gott und zu hundert Prozent Mensch. Wie nennt man das? *Hybrid* passt nicht wirklich. *Fleischgewordener Gott* trifft es deutlich besser.

Seit seiner Geburt versuchten Menschen, Jesus zu töten. Leute wollten ihn erstechen, steinigen und von einer Klippe werfen. Es gelang ihnen nicht. Er konnte sogar vierzig Tage lang ohne Essen auskommen und anschließend noch den mächtigsten Gegner des Planeten besiegen. Er würde nicht ertrinken, schließlich konnte er auf dem Wasser laufen. Nein, das Einzige, was Jesus zu Fall bringen konnte, war ein Baum (siehe Galater 3,13).

Erst als er an einen Baum genagelt wurde, begann er zu sterben. Die römischen Soldaten hatten ihn zuvor noch ausgepeitscht und ihn mit einer Dornenkrone gedemütigt. Außerdem waren die Augen von Jesus geschwollen und bluteten wegen eines weiteren Spiels der Soldaten, bei dem sie ihm die Augen verbanden und abwechselnd ins Gesicht schlugen. Kurzum, Jesus starb blutüberströmt. Er blutete an Rücken, Gesicht und Kopf, ganz zu schweigen von seinen durchbohrten Händen und Füßen.

DREI MÄNNERN WERDEN DIE AUGEN GEÖFFNET

Allerdings wurden drei Männer am Tag der Kreuzigung durch den kahlen Baum, dessen Wurzeln, Blätter und Äste entfernt worden waren, in besonderer Weise berührt und berufen. Der erste Mensch war Simon, ein Mann aus der Stadt Kyrene, im heutigen Libyen gelegen. Simon war nach Jerusalem gereist, um das Passahfest zu feiern. Er war zur richtigen Zeit am richtigen Ort, auch wenn er in dem Moment, als er mit dem Kreuz in Berührung kam, vermutlich eher vom Gegenteil überzeugt war.

Simon befand sich gerade auf einer Straße in Jerusalem, als Jesus sich mit dem schweren Kreuz auf den Schultern an ihm vorbeiquälte. Blutbedeckt und von der Folter geschwächt, geriet Jesus ins Stolpern.

„Du da, trag das Kreuz des Gefangenen!“, befahl ein römischer Soldat.

Simon blieb keine andere Wahl. Er musste sich fügen. Also nahm er das schwere, blutverschmierte Kreuz von Jesu Schultern und legte es auf seine eigenen. Er half dem Sohn der ganzen Schöpfung beim Tragen seiner Last. Und diese Begegnung mit Jesus veränderte nicht nur ihn selbst, sondern seine ganze Familie – sie alle gehörten später zu den frühen Christen (vgl. Markus 15,21; Römer 16,13).

Die nächste Person, die durch das Kreuz berührt wurde, war einer der beiden Kriminellen, die neben Jesus gekreuzigt wurden. Während der zweite Jesus verhöhnte, hatte der erste Dieb Ehrfurcht vor Gott und verstand, dass Jesus im Gegensatz zu ihm selbst unschuldig war. *„Jesus, denk an mich, wenn du deine Herrschaft antrittst!“*, flehte dieser Dieb ihn an, worauf Jesus antwortete: *„‚Ich versichere dir: Noch heute wirst du mit mir im Paradies sein‘“* (Lukas 23,42-43).

Die dritte Person, der an diesem Tag durch ein Stück Holz die Augen geöffnet wurden, war einer der Soldaten, die Jesus ans Kreuz nagelten. Er war ein römischer Hauptmann, der die Verspottung und Folterung von Jesus vielleicht sogar selbst befohlen oder zumindest geduldet hatte. Es ist gut möglich, dass er es auch gewesen ist, der Simon befahl, das Kreuz zu tragen. Doch er erkannte, dass Jesus kein gewöhnlicher Mensch war. Als Hauptmann hörte er, wie Jesus Gott um Vergebung für seine Henker bat; er sah, wie Jesus seinen besten Freund bat, sich um seine Mutter zu kümmern, und er wurde Zeuge des Versprechens, das Jesus dem Dieb neben sich gab, und hörte letztlich Jesus ausrufen, dass sein Werk vollbracht war. Am Ende bekam er auch mit, wie Jesus seinen Geist in Gottes Hand legte. All das überzeugte ihn davon, dass Jesus unschuldig war, daher rief er aus: *„Dieser Mann ist wirklich Gottes Sohn gewesen!"* (Matthäus 27,54).

WENN WIR UNSER VERTRAUEN AUF JESUS SETZEN, WIRD DIESER BAUM, DAS KREUZ, AUCH UNS DIE AUGEN ÖFFNEN.

Ein ahnungsloser Zuschauer, ein schuldiger Dieb, ein grausamer Soldat – sie alle wurden von dem Baum berührt und berufen. Am Tag der Kreuzigung war der römische Soldat der Letzte, dem durch einen Baum und den Menschen, der daran hing, die Augen geöffnet wurden. Heute, zweitausend Jahre später, haben wir rückblickend ein vollständigeres Bild. Wenn wir unser Vertrauen auf Jesus setzen, wird dieser Baum, das Kreuz, auch uns die Augen öffnen.

WARUM FEIGENBÄUME?

Obwohl er Palmenstädte besuchte, in Olivenhainen betete und vor den Zedernwänden des Tempels stand, bezog sich Jesus nie direkt auf diese Bäume. Mit Ausnahme des Maulbeerbaums (siehe Lukas 17,6) erwähnte Jesus nur eine Baumart: den Feigenbaum. Die meisten Experten zählen beide Bäume zur Gattung der Maulbeergewächse.

- Warum erwähnte Jesus also im Grunde nur Feigenbäume?
- Warum verfluchte er ausgerechnet einen Feigenbaum? (Siehe Matthäus 21,19.)
- Warum spricht er von einem Feigenbaum, um sowohl Gottes Gerechtigkeit auf Erden (siehe Lukas 13,6-9) als auch sein Eingreifen am Tag des Gerichts zu verdeutlichen? (Siehe Markus 13,28-31.)

Mir fallen zwei Gründe ein: Erstens verkörpert Jesus die Leiter aus Jakobs Traum – die Brücke zwischen Himmel und Erde, zwischen Gott und Mensch. Adam und Eva bedeckten sich nach ihrer ersten Sünde mit Feigenblättern. Dadurch wurde die Feige zu einem Symbol der Trennung zwischen Gott und Mensch. Jesus kam auf die Erde, um diese Trennung aufzuheben, indem er die Sünde auf sich nahm.

JESUS VERKÖRPERT DIE LEITER AUS JAKOBS TRAUM – DIE BRÜCKE ZWISCHEN HIMMEL UND ERDE ZWISCHEN GOTT UND MENSCH.

Zweitens ist Jesus nicht nur ganz Mensch; er ist auch ganz Gott. Die Bibel benutzt häufig sehr starke Gegensätze, um diese völlig verschiedenen Facetten seiner Persönlichkeit zu veranschaulichen. Da ist beispielsweise der Busch, der in Flammen steht, ohne zu verbrennen. Oder der Wolf und das Lamm, die friedlich nebeneinanderliegen. Oder Gott, der gleichzeitig das Alpha (der Erste) und das Omega (der Letzte) ist.

Jesus bezog sich auf einen einzigen Edelstein, die Perle. Es ist kein Zufall, dass die Perle sowohl aus nicht organischem wie auch organischem Material besteht. Die Tore des Himmels sind laut Bibel aus diesem Material gemacht. Trotz all der Witze über den heiligen Petrus, der angeblich am Himmelstor auf uns wartet, ist Jesus als wahrer Mensch und wahrer Gott das einzige Tor zum Himmel. Durch diese scheinbar unmöglichen Gegensätze soll das unbegreifliche Wesen von Jesus Christus greifbarer werden.

Genauso ungewöhnlich und widersprüchlich ist auch die Feige. Sie ist die einzige Frucht, die sowohl Flora wie Fauna ist, denn wer eine Feige isst, der verzehrt genau genommen nicht bloß eine Frucht, sondern auch tierische Abbauprodukte. Denn sogenannte Feigenwespen legen ihre Eier in den Blüten der weiblichen Früchte ab. Wenn ein Wespenweibchen, das zuvor die Pollen einer männlichen Feige aufgenommen hat, seinen Weg in eine weibliche Feige findet, verliert das Insekt seine Flügel, wird von den Pflanzenenzymen „verdaut" und in die Frucht aufgenommen. Zudem besitzen Feigenfrüchte eigentlich „umgekrempelte Blüten". Mit anderen Worten, die Blüten des Feigenbaums befinden sich im Inneren der Frucht statt außen. Genau wie die Perle, der brennende Busch und der Wolf neben dem Lamm ist auch die Feige eine höchst ungewöhnliche Kreuzung.

Sind wir Menschen nicht auch sonderbare, höchst ambivalente Wesen? Wir nehmen Gift zu uns (Alkohol und Drogen), sodass wir zum Teil nicht mehr klar denken können und früher sterben. Gleichzeitig geben wir Unmengen an Geld aus, um länger leben zu können. In einem einzigen Augenblick können wir in Rage geraten und verbringen doch Jahrzehnte damit, unsere Kinder zu erziehen. Wir wollen ewig leben und zerstören doch wissentlich unsere Lebensgrundlage auf diesem Planeten. Aus dem gleichen Mund klagen wir und loben Gott.

Obwohl wir als Ebenbild Gottes geschaffen sind, ähneln wir häufig einem Monster. Genau so stellt die Bibel uns dar: freundlich und grausam, nachdenklich und gedankenlos, stark und schwach. Diese Tatsache zu verleugnen, würde bedeuten, Gottes Versöhnungsangebot zu verleugnen. In diesem Fall würde der Wolf nie neben dem Lamm liegen, der Busch würde einfach zu Asche verbrennen und wir würden mit unserem zerbrechlichen Körper sterben.

Eine weitere ungewöhnliche Kombination, die in der Bibel erwähnt wird, ist totes Holz und Lammblut. Nichts wirkt sich laut Bibel stärker auf das Leben von Menschen aus. Als beides beim Passahfest, als das Volk der Hebräer in ägyptischer Gefangenschaft war, miteinander verbunden wurde, versiegelte das Blut die Tür. Der Todesengel konnte nicht eindringen und die Menschen hinter der Tür wurden verschont.

Mit Jesus – dem Sündenlamm – traf das Blut auf das Kreuz – den Baum, und so entstand ebenfalls eine Tür. Doch diese Tür ist eine gänzlich andere als die verschlossene des ersten Passahfestes. Es ist eine schmale Tür, doch sie ist offen. Das Blut des Lammes, Jesus Christus, hat sie geöffnet und somit den Eingang zum Himmel ermöglicht.

WARUM MUSSTE JESUS AN EINEM BAUM STERBEN?

Warum aber musste es ein Baum sein? Die Römer hatten viele Methoden, um Menschen zu töten. Warum wurde Jesus nicht verbrannt, so wie viele seiner Anhänger später? Warum war ein Baum das Einzige, was Jesus töten konnte? Das fünfte Buch Mose (21,22-23) gibt uns dafür einen Hinweis: *„Wer an* *einem Pfahl oder Baum aufgehängt wird, ist von Gott verflucht.*" Erstechen, steinigen, eine Klippe hinunterwerfen oder verbrennen werden dort nicht erwähnt.

Doch warum musste Jesus von Gott verflucht werden? Jesus war doch ganz Mensch und ganz Gott. Warum musste Gott sich quasi selbst bestrafen? – Weil Jesus dadurch die Schuld der Menschheit, die Gottes Gebote brechen, beglichen hat. Die Logik dieser Gleichung übersteigt unser Denkvermögen, zumindest geht es mir so.

Gottes Gesetze sind unveränderlich. Johannes Kepler, ein deutscher Mathematiker und Astronom, schrieb über diese Gesetze in Bezug auf die Planetenbewegung. Die Naturforscher Robert Boyle und Amedeo Avogadro schrieben über Gottes Gesetze in Bezug auf Gase. Diese Naturgesetze verändern sich nicht, sie bleiben immer bestehen.

Die Gesetze der Sünde sind genauso unveränderlich. Adam und Eva wurden gewarnt, dass sie sterben würden, wenn sie vom Baum der Erkenntnis von Gut und Böse essen. Und sie starben tatsächlich – wenn auch nicht sofort körperlich, so doch sinnbildlich. Ihr Tod bedeutete ihre Trennung von Gott. Mehr noch, durch Adam und Eva sind alle folgenden Generationen zum Sterben verurteilt. Dieses Gesetz gilt auch heute noch. Trotz aller Fortschritte moderner Medizin kommt niemand mit seinem Leben davon.

Damit eine Gleichung aufgeht, muss auf beiden Seiten das Gleiche stehen. Das gilt in der Mathematik genauso wie in der Ethik. Dort spricht man von Gerechtigkeit. Wer von einer Leiter fällt und auf dem Boden aufprallt, wird dennoch nicht das Gesetz der Schwerkraft hinterfragen. Erdanziehung ist schließlich lebensnotwendig und ein unumstößliches Naturgesetz.

Mit Gottes Moralgesetz verhält es sich genauso. Wir mögen uns gegen seine Gesetze auflehnen und sie brechen, doch sie machen unser Leben überhaupt möglich. Unter der Herrschaft des Gesetzes zu leben, ist ein großer Segen – selbst unter menschlichen Gesetzen. Ein Rechtsstaat ist besser als Willkür. Unter der Herrschaft von Gottes Gesetzen zu leben, ist ein göttliches Geschenk.

Als Adam und Eva das einzige Gebot brachen, das Gott ihnen gegeben hatte, war die Strafe der Tod. Doch Gott ist nicht nur gerecht, er ist auch gnädig. Aus Gnade sandte er seinen einzigen Sohn, um die Strafe für die Sünde der Menschheit zu begleichen. Jesus kam, um für jeden Menschen den Preis zu bezahlen: von Adam und Eva bis zu uns und allen, die nach uns kommen. Obwohl Jesus ohne Sünde war, bezahlte er den Preis für unsere Sünde.

Die Gleichung zwischen Gerechtigkeit und Gnade konnte nur durch den Tod eines sündlosen Menschen ausgeglichen werden. Ich verstehe das zwar nicht, aber ich akzeptiere es. Ich vertraue Gott. Ich glaube an das, was Jesus gesagt hat. Ich weiß, dass er für meine Sünden gestorben ist. Durch ihn geht die Gleichung auf.

Meine Sünden sind mir jetzt und für immer vergeben. Das ermöglicht mir ein ganz neues Leben frei von Schuld. Es ist so, als hätten meine ältesten Vorfahren Adam und Eva nie vom falschen Baum gegessen. Es ist so, als wären meine Sünden nie geschehen. Wir müssen dazu nur einer höheren Mathematik vertrauen, die wir nicht ganz begreifen können. Daher sagte Jesus auch, dass die Kinder zu ihm kommen sollen – weil so der Himmel funktioniert. Kinder können auch dann vertrauen, wenn sie etwas nicht verstehen.

DEM VATER VERTRAUEN

Vor dreißig Jahren zeigte mein damals dreijähriger Sohn mir, was es heißt, einem Vater ganz und gar zu vertrauen. Unser Haus befand sich am Ende einer abgelegenen Wohnsiedlung. Der Winter hatte uns in den letzten Wochen bereits mehr als 3,5 Meter Neuschnee beschert und es lagen noch einige kalte Monate vor uns. Meine Tochter Emma und mein Sohn Clark spielten im Haus mit ihren Bauklötzen und Kuscheltieren. Als ich in den Keller ging, um neues Feuerholz zu holen, fiel mir auf, dass unser Vorrat langsam zur Neige ging.

„Ich geh schnell raus und fülle das Holz im Keller auf", sagte ich zu meiner Frau Nancy.

„Wie wär's, wenn du Clark mitnimmst?", schlug sie vor. „Er kann dir helfen."

Da es vermutlich weniger Aufwand bedeutet, einem Astronauten seinen Anzug überzustreifen als einem Kleinkind Schneeanzug, Stiefeln, Mütze, Schal und Handschuhen anzuziehen, war ich von der Idee wenig begeistert. Dennoch machte ich mich ans Werk und nahm ihn mit nach draußen.

Mit seinen drei Jahren war Clark noch leicht genug, um einfach auf der Schneeoberfläche spazieren zu können. Ich hingegen kam in dem meterhohen Schnee nur schwer voran und musste mir den Weg zum Feuerholz freischaufeln. Anschließend fing ich an, das Holz in den Keller zu tragen.

Unser Haus befand sich an einem Hang. An der Kellertür war es zwar ebenerdig, doch dahinter fiel das Gelände steil ab und endete sechs Meter tiefer an einer zugefrorenen Straße. Wir hatten unseren Kindern eingeschärft, sich von dem steilen Abhang fernzuhalten. Clark wusste das und hielt sich in meiner Nähe auf, während ich das Holz in den Keller brachte. Ich behielt ihn dennoch im Auge und er blieb dort, wo er sein sollte.

Allerdings gab es ein Problem. Die Schneeoberfläche war am Tag zuvor geschmolzen und in der Nacht neu gefroren, sodass sie spiegelglatt war. Clark bemerkte dies nicht, rutschte aus und fiel vornüber aufs Gesicht. Da er auf einer Eisfläche lag, schaffte er es nicht, den Abhang wieder hochzuklettern. Ich bemerkte erst, dass etwas nicht stimmte, als ich ihn laut „PAPA!" schreien hörte. Ich wandte mich um und sah, wie er immer weiter nach unten rutschte. Je mehr er sich anstrengte, wieder hochzuklettern, desto tiefer rutschte er den Hang hinab. Für den Bruchteil einer Sekunde hielt er inne und sah mich entsetzt an. Doch schon im nächsten Moment versuchte er sich erneut aufzurappeln und rutschte weiter nach unten.

„Stopp!", schrie ich ihm zu.

Ich ließ das Holz fallen und lief durch den Schnee. Während ich auf Clark zurannte, tat er das einzig Sinnvolle: Er hielt still. Es widersprach zwar all seinen natürlichen Reflexen, aber er hörte auf, sich zu bewegen. Er hörte auf seinen Vater. Ich bekam ihn an der Kapuze seines Schneeanzugs zu fassen, nahm ihn auf den Arm und brachte ihn in Sicherheit. Warum tat mein dreijähriger Sohn genau das, was ich ihm sagte? – Weil er mir vollkommen vertraute.

Die Bibel überzeugte mich davon, dass ich Jesus vertrauen kann. Er log nie. Er ließ sich von seinem Umfeld nicht negativ beeinflussen. Er hatte keine eigennützigen Ambitionen. Er hatte keinen wirtschaftlichen Anreiz, der seine Arbeit vorantrieb. Je berühmter er wurde, desto weniger wichtig waren ihm große Menschenmengen.

Seine Kreuzigung war notwendig, das sagte Jesus selbst, und ich glaube ihm. Viele halten Wissenschaft und Glauben für unvereinbar. Ich hingegen halte meinen Glauben an Jesus und das Ereignis am Kreuz für das größte Wissenschaftsexperiment überhaupt. Es erfordert nur ein einziges Leben und einen Glauben von der Größe eines Senfkorns, um die Ergebnisse zu testen. Wenn ich recht habe und Jesus derjenige ist, dem wir vollkommen vertrauen können, dann ist der Lohn groß. Wenn ich falschliege, werde ich es vermutlich nie erfahren.

Durch seinen Tod am Kreuz geht die Gleichung auf. Er hat die Sünde der gesamten Menschheit auf sich genommen. Seine Dornenkrone verkörperte den Fluch der Erde – die Dornen und Disteln, die in 1. Mose 3,18 erwähnt werden. Dieser Fluch wurde durch Jesus gebrochen.

DIE TÜR ZUM HIMMEL

Jesu Kreuzigung ist kein schöner Anblick. Warum hat Gott einen Baum benutzt, um seinen Sohn sterben zu lassen? Ein Grund könnte sein, dass Jesus nie nahm, sondern immer nur gab. Er besaß nie ein Haus und das einzige Tier, das er je ritt, war geliehen. Er hätte sich wie König Salomo kleiden können, besaß aber offenbar nur ein einziges Gewand.

In vielerlei Hinsicht sind Bäume wie Jesus. Auch sie geben anderen mehr, statt zu nehmen. Sie schaffen Leben und Schönheit, sie spenden Schatten und Ruhe, sie säubern die Luft, sie verhindern Erosion, sie bieten Zuflucht, Essen und Schutz.

Bäume sind nicht dazu geschaffen, Menschen zu töten. Mord ist das Schlimmste, wozu ein Baum benutzt werden kann. Der gekreuzigte Christus ist ein Bild dafür, wie tief die Menschheit sinken kann und wie weit Gott gegangen ist, um sie zu retten.

Drei Tage, nachdem Jesus gekreuzigt und begraben wurde, suchte Maria Magdalena das Grab auf, um ihm die letzte Ehre zu erweisen. Doch das Grab war leer. Da wandte sie sich um und sah Jesus. Allerdings erkannte sie ihn nicht. Sie hielt ihn für den Gärtner (siehe Johannes 20,15). Diese Verwechslung war kein Zufall. Es ist auch kein Fehler, denn Jesus ist wirklich der Gärtner. Er ist der neue Adam (siehe Römer 5,12-18). Er zerstört und plündert den Garten nicht, sondern kümmert sich um ihn und stellt ihn wieder her. Adam riss die Blätter eines Feigenbaumes ab, Jesus brach noch nicht einmal ein geknicktes Schilfrohr ab (siehe Jesaja 42,3).

DURCH EINEN BAUM ÖFFNETE JESUS DIE TÜR ZUM HIMMEL.

Jesus, der hoch oben an einem Baum hängt, ist für uns die einzige Tür, die in die Ewigkeit führt. Er sagte: *„Ich aber werde über die Erde erhöht werden und werde dann alle zu mir ziehen“* (Johannes 12,32; NGÜ). Sein Tod bringt uns Leben. Sein Opfer befreit uns von Schuld.

JESUS, DER BAUM DES LEBENS

„Glücklich werden alle sein, die ihre Kleider reinwaschen. Sie dürfen die Früchte vom Baum des Lebens essen und haben freien Zugang zur Stadt."

OFFENBARUNG 22,14

Kurz nachdem ich Christ wurde, besuchte ich eine Augustinerkapelle in Rom. Fasziniert stand ich vor einem Gemälde von Caravaggio mit dem Titel *Conversione di San Paolo* (*Bekehrung auf dem Weg nach Damaskus*). Das Bild zeigt Paulus (damals noch Saulus genannt) auf dem Weg nach Damaskus, als er plötzlich erblindete, zu Boden stürzte und Gottes Stimme vernahm (siehe Apostelgeschichte 9,4). Auf dem Gemälde liegt der erblindete Paulus auf dem Rücken, seine Arme hilflos ausgestreckt, während ein Pferd versucht, dem abgeworfenen Reiter auszuweichen. Es ist ein Werk voller Schönheit und eine eindrucksvolle Darstellung dieser biblischen Szene.

Niemand weiß mit Sicherheit, ob Paulus tatsächlich auf einem Pferd saß, als er zu Boden fiel und die Stimme des Herrn vernahm. Doch eines steht fest: Gott hatte eine besondere Beziehung zu Paulus. Wer Jesus sieht, sieht Gott, den Vater (siehe Johannes 14,9). Aber wer Paulus sieht, sieht einen gefallenen Menschen, der von Gott ergriffen wird.

Vor seiner Bekehrung war Paulus ein fanatischer Christenverfolger. Er gehörte zum Stamm Benjamin und war ein erstklassiger Schüler des Rabbis Gamaliel. (Kleiner Exkurs: Gemeint ist hier der Rabbi Gamaliel, der in der Passa-Haggada erwähnt wird. Gamaliels Großvater war der berühmte Rabbi Hillel, nach dem auch heute noch einige jüdische Einrichtungen benannt sind.)

Nach seiner Bekehrung trug Paulus ganz wesentlich zur Ausbreitung des christlichen Glaubens in der nicht jüdischen Welt bei. Außerdem wurde er von Gott beauftragt, einige frühe Kurskorrekturen der Kirche vorzunehmen. Die gute Nachricht von Jesus Christus galt allen Menschen zu allen Zeiten. Deshalb war auch seine Sprache, wie die von Jesus, stark von der Natur geprägt. Deswegen erklärt Paulus auch Gottes Plan durch das Bild eines Baumes.

WURZELN UND ÄSTE DES GLAUBENS

In Kapitel 11 seines großartigen Briefs an die Römer spricht Paulus von Gottes Plan für die Juden angesichts der Ausbreitung des Christentums. Für ihn stellte Gottes auserwähltes Volk die Wurzeln eines Baumes dar, dem Christen aufgepfropft wurden. Zur Veranschaulichung verweist Paulus auf einen Olivenbaum. Die Juden seien wie ein heimischer Ölbaum und die Christen wie der veredelte Zweig eines wilden Ölbaums. Paulus spricht außerdem von abgebrochenen Ästen des Baumes und meinte hiermit die ungläubigen Juden.

Doch Paulus warnt zugleich die Christen, sich auf ihren neu erworbenen Platz am Baum nichts einzubilden und sich stets ihrer Wurzeln bewusst zu sein. *„Vergesst nie"*, schreibt er sinngemäß, *„dass auch euer Ast vom Baum abgebrochen werden kann"* (siehe Römer 11,17-24).

In Israel wachsen wilde Olivenbäume, doch ihre Früchte sind kleiner und weniger schmackhaft als die von gezüchteten Bäumen. Wird ein wilder Ölzweig einem gezüchteten Olivenbaum aufgepfropft, so wachsen an ihm große Oliven, die vorzüglich für den Verzehr geeignet sind. Wird dieser Zweig daraufhin wieder abgesägt und einem wilden Ölbaum aufgepfropft, so werden seine Oliven wieder kleiner und weniger schmackhaft.

Das Judentum ist die Wurzel des christlichen Glaubens. Christen, die Juden ignorieren oder verachten, schneiden also gewissermaßen ihre eigenen Wurzeln ab. Das wäre genauso töricht, wie an einem Ast zu sägen, während man selbst darauf sitzt. Paulus betont außerdem, dass Gott jederzeit bereit ist, die ursprünglich herausgebrochenen Zweige wieder auf den Ölbaum zu pfropfen (siehe Römer 11,24).

Im Buch der Offenbarung wird Paulus' Bild des Baumes erneut aufgegriffen. In einem der letzten Sätze der Bibel heißt es von Jesus: *„Ich bin der Nachkomme aus der Familie von David, der Trieb, der aus seiner Wurzel hervorsprießt"* (Offenbarung 22,16). Und zuvor lesen wir von seinem Versprechen: *„Ich bin der Erste und der Letzte, der Anfang und das Ziel, das A und das O"* (Vers 13). Jesus ist die tiefste Wurzel des Baumes

JESUS IST DIE TIEFSTE WURZEL DES BAUMES UND ZUGLEICH DER HÖCHSTE ZWEIG IN SEINER KRONE.

und zugleich der höchste Zweig in seiner Krone. Oder anders ausgedrückt: „Mit mir hat alles begonnen und mit mir wird auch alles enden."

DIE FRUCHT DES GEISTES

Zu meiner Schulzeit ging man noch davon aus, dass die Landwirtschaft mit dem Anbau von Weizen und anderem Getreide im Gebiet des sogenannten Fruchtbaren Halbmonds in Vorderasien begann. Kürzlich wurden jedoch in der Nähe von Jericho Spuren angebauter Feigen entdeckt, die noch älter als die des Weizens zu sein scheinen.

Zu dieser Entdeckung passt auch, dass Obstbäume und Feigenblätter in der Bibel vor Feldfrüchten wie Disteln und Dornen erwähnt werden (siehe 1. Mose 3,7.18). Landwirtschaft begann demnach nicht mit Weizen oder anderem Getreide, sondern mit Feigen und Oliven.

Tatsächlich ziehen sich Obstbäume durch die ganze Bibel. Josef ist der Erste, der als „fruchtbarer Baum" bezeichnet wird (1. Mose 49,22). Der erste Psalm ruft uns auf, wie ein Baum zu sein, der Frucht hervorbringt. Und im Neuen Testament schrieb Paulus den nicht jüdischen Christen, dass sie durch Jesus dem jüdischen Baum aufgepfropft worden sind. Doch was wächst nun an diesem Baum des Glaubens? Welche Frucht bringt unser Glaube hervor?

Auch zu diesem Thema hat Paulus etwas zu sagen. In seinem Brief an die Galater betont er, dass Jesus uns zur Freiheit berufen hat. Christen müssen nicht mehr alle jüdischen Gebote einhalten. Das bedeutet jedoch nicht, dass wir ohne Gesetz leben oder uns an menschlichen Maßstäben orientieren sollen. Paulus schreibt, dass unser Handeln entweder von unserer menschlichen Natur geprägt ist oder vom Geist Gottes. Beides ist nicht möglich. Die Frage lautet also: Von wem lassen wir uns leiten – von unseren eigenen Bedürfnissen oder von Gott?

> *„Im Übrigen ist klar ersichtlich, was die Auswirkungen sind, wenn man sich von der eigenen Natur beherrschen lässt: sexuelle Unmoral, Schamlosigkeit, Ausschweifung, Götzendienst, okkulte Praktiken, Feindseligkeiten, Streit, Eifersucht, Wutausbrüche, Rechthaberei, Zerwürfnisse, Spaltungen, Neid, Trunkenheit, Fressgier und noch vieles andere, was genauso verwerflich ist. Ich kann euch diesbezüglich nur warnen, wie ich es schon früher getan habe: Wer so lebt und handelt, wird keinen Anteil am Reich Gottes bekommen, dem Erbe, das Gott für uns bereithält. Die Frucht hingegen, die der Geist Gottes hervorbringt, besteht in Liebe, Freude, Frieden, Geduld, Freundlichkeit, Güte, Treue, Rücksichtnahme und Selbstbeherrschung. Gegen solches Verhalten hat kein Gesetz etwas einzuwenden“ (Galater 5,19-23; NGÜ).*

Jesus ist nicht am Kreuz gestorben, um die Sünde zu verharmlosen oder, schlimmer noch, um uns eine Ausrede für sie zu liefern. Er ist gestorben, um uns aus unserer Abhängigkeit von Schuld zu befreien inklusive unserer Sucht nach Reichtum, Macht und Ruhm. Wir sollen stattdessen Frucht hervorbringen, die im Geist Gottes verwurzelt ist.

Wenn ich mit meiner Frau einkaufen gehe, steuert sie zunächst immer die Obst- und Gemüseabteilung an. Ich nenne sie auch die „interaktive Abteilung“. Denn dort werden nicht bloß Waren aus dem Regal in den Einkaufswagen gelegt.

Nein, die Ware wird inspiziert: Leute riechen, klopfen, schlagen, schütteln, drücken und probieren in einigen Fällen sogar das Obst und Gemüse. Genauso ruft die Bibel uns dazu auf, die Früchte unseres Geistes immer wieder unter die Lupe zu nehmen und sie auf ihre Qualität hin zu prüfen (siehe 1. Korinther 11,31).

Vielleicht sollten wir Christen uns auch öfter mal „drücken" und „schütteln", um zu prüfen, was für Früchte wir in unserem Leben hervorbringen. Zu diesem Zweck kann es hilfreich sein, sich aufzuschreiben, was laut Paulus eine gute Frucht des Geistes ist. Demnach können wir uns folgendermaßen besser selbst einschätzen:

- Wie steht's mit unserer Selbstbeherrschung? Sind wir eher fröhlich oder frustriert?
- Wie großzügig sind wir? Spenden wir gerne?
- Würden wir genauso viel geben, wenn wir unsere Spende nicht von den Steuern absetzen könnten?

DER TISCHLERWINKEL DER BIBEL

Ich stelle mir 1. Korinther 13 (das Liebeskapitel) gern als eine Art Tischlerwinkel der Bibel vor. Es kann dazu dienen, unseren Glauben immer wieder neu zu überprüfen und im richtigen Winkel auszurichten. Eine kurze Erklärung, was ich hiermit meine:

Ich besitze ein tolles Gerät, eine sogenannte Gehrungsschneidlade, die es mir ermöglicht, Eckleisten präzise und im richtigen Winkel zurechtzuschneiden. Mein neuestes Exemplar ist mit einem Ständer und beidseitigen Rollen zum Hinein- und Hinausschieben der zu schneidenden Teile ausgestattet. Mit diesem Hilfsmittel kann ich beispielsweise ganz leicht eine 15-Zentimeter-Deckenleiste zuschneiden, die sich in einem 45-Grad-Winkel befindet. Doch dieser Luxus hat auch Nachteile. Im Gegensatz zu einigen der älteren oder weniger teuren Schneidladen verrutscht bei meinem Gerät die Einstellung allzu leicht. Das Holz lässt sich dann zwar immer noch leicht schneiden, nur sind die geschnittenen Teile nicht zu gebrauchen. Die Winkel liegen ein oder zwei Grad daneben.

Damit ich weitersägen kann, muss ich den Stecker herausziehen, alle Halterungen entfernen, meinen vierzig Jahre alten Aluminium-Tischlerwinkel herausholen und den Winkel der Schneidlade neu einstellen. Dann justiere ich die Säge, bis das Sägeblatt parallel am Tischlerwinkel entlangfährt.

Mit unserem Bibelverständnis verhält es sich ganz ähnlich. Es muss immer richtig neu ausgerichtet werden. Wenn bei mir der Winkel verrutscht ist, hilft es mir, 1. Korinther 13 zu lesen. Dieser Winkel dient als Maßstab für mein Leben. Ich lege ihn an, um zu sehen, wo ich abweiche.

„Wenn ich in den unterschiedlichsten Sprachen der Welt, ja, sogar in der Sprache der Engel reden kann, aber ich habe keine Liebe, so bin ich nur wie ein dröhnender Gong oder ein lärmendes Becken. Wenn ich in Gottes Auftrag prophetisch reden kann, alle Geheimnisse Gottes weiß, seine Gedanken erkennen kann und einen Glauben habe, der Berge versetzt, aber ich habe keine Liebe, so bin ich nichts. Selbst wenn ich all meinen Besitz an die Armen verschenke und für meinen Glauben das Leben opfere, aber ich habe keine Liebe, dann nützt es mir gar nichts. Liebe ist geduldig und freundlich. Sie ist nicht verbissen, sie prahlt nicht und

schaut nicht auf andere herab. Liebe verletzt nicht den Anstand und sucht nicht den eigenen Vorteil, sie lässt sich nicht reizen und ist nicht nachtragend. Sie freut sich nicht am Unrecht, sondern freut sich, wenn die Wahrheit siegt. Liebe nimmt alles auf sich, sie verliert nie den Glauben oder die Hoffnung und hält durch bis zum Ende. Die Liebe wird niemals vergehen. Einmal wird es keine Prophetien mehr geben, das Reden in unbekannten Sprachen wird aufhören, und auch die Gabe, Gottes Gedanken zu erkennen, wird nicht mehr nötig sein. Denn diese Erkenntnis ist bruchstückhaft, ebenso wie unser prophetisches Reden. Wenn aber das Vollkommene da ist, wird alles Vorläufige vergangen sein. Als Kind redete, dachte und urteilte ich wie ein Kind. Doch als Erwachsener habe ich das kindliche Wesen abgelegt. Jetzt sehen wir nur ein undeutliches Bild wie in einem trüben Spiegel. Einmal aber werden wir Gott von Angesicht zu Angesicht sehen. Jetzt erkenne ich nur Bruchstücke, doch einmal werde ich alles klar erkennen, so deutlich, wie Gott mich jetzt schon kennt. Was bleibt, sind Glaube, Hoffnung und Liebe. Von diesen dreien aber ist die Liebe das Größte" (1. Korinther 13,1-13).

Glaube, Erkenntnis, Großzügigkeit und Opferbereitschaft – das alles ist gut, aber nicht das Wichtigste. Das Wichtigste ist die Liebe.

Liebe war wohl nicht gerade das Lieblingswerkzeug von Paulus. Vermutlich hätte er sich viel lieber auf sein Denkvermögen und seine Opferbereitschaft verlassen. Doch er wusste: Gott liebt die Welt so sehr, dass er seinen Sohn sandte, um sie zu retten. Deshalb gab Paulus uns diese Worte als Tischlerwinkel an die Hand, damit wir unseren Glauben daran ausrichten können.

Ein Sprichwort lautet: „Wer als Werkzeug nur einen Hammer hat, sieht in jedem Problem einen Nagel." Wer hingegen als Werkzeug die Liebe hat, sieht in jedem Problem die Chance, etwas zu verändern – und zwar anhand des himmlischen Bauplans.

EINE LIEBESGESCHICHTE

Paulus' Worte aus 1. Korinther 13 lassen sich gut anhand einer Liebesgeschichte veranschaulichen, die ich kurz nach dem Ende meiner Tischlertätigkeit erlebte. Mein erster Job im Krankenhaus war weder prestigeträchtig noch gut bezahlt. Mit 25 Jahren war ich frisch verheiratet und fing gerade mein Grundstudium an. Um uns finanziell über Wasser zu halten, arbeitete ich nebenbei als Wachmann in einem Kreiskrankenhaus. Zu meinen Aufgaben gehörte es, Streitereien in der Notaufnahme zu beenden, Betrunkene auf dem Parkplatz zu bändigen und Leichname ins Leichenschauhaus zu bringen. Meistens lief ich jedoch einfach umher.

Eines Samstags, als ich durch die Korridore streifte, kam ich an einer älteren Dame vorbei. Sie saß allein in einem fensterlosen Wartezimmer und hielt in ihrer winzigen Hand ein feuchtes Taschentuch umklammert. Während meines Rundgangs kam ich mehrere Male an diesem Wartezimmer vorbei und sah sie reglos dort sitzen. Die Stunden vergingen. Schließlich wurde es Nacht und die Angehörigen machten sich auf den Weg nach Hause. Doch diese Dame verließ ihren Platz nicht. Irgendetwas Schlimmes musste vorgefallen sein. Nur was? Im Krankenhaus sieht man oft trauernde Angehörige. Doch gewöhnlich sitzen sie nicht tagelang im

Wartezimmer herum. Wenn Patienten sterben, gehen ihre Angehörigen gewöhnlich nach Hause.

Ich wollte keinen Arzt und keine Pflegekraft um Hilfe bitten, daher fragte ich die Sekretärin der Abteilung um Rat. Sie stand auf und ging zu der Dame im Wartezimmer und führte ein kurzes, flüsterndes Gespräch mit ihr. Augenblicke später eilte die Sekretärin wieder hinaus und in den Aufwachraum, wo sie an eine Pflegekraft herantrat, die sich gerade um einen älteren Mann kümmerte. Ein kurzer Wortwechsel folgte und die Sekretärin kam mit einer Krankenschwester wieder heraus. Beide steuerten das Wartezimmer an und kehrten mit der älteren Dame zurück.

Es stellte sich heraus, dass der Ehemann der Frau an diesem Morgen unter Vollnarkose operiert worden war. Der Frau war versichert worden, dass der Chirurg nach der Operation zu ihr kommen würde. Doch er war unerwartet weggerufen worden und hatte nicht daran gedacht, dass die Frau auf ihn wartete. So saß sie Stunde um Stunde allein im Wartezimmer und wartete auf den Chirurgen. Ihre Sorge wurde damit immer größer. Je mehr Zeit verstrich, desto mehr schien sich ihre schlimmste Befürchtung zu bestätigen: dass ihr Mann bei der Operation gestorben war. Ihre Angst machte sie unfähig, eine Person nach Informationen zu fragen. Der Tag verging – bis die Sekretärin zu ihr kam.

Ihre Augen waren voller Tränen, als sie schließlich zu ihrem Mann in den Aufwachraum geführt wurde und endlich mit ihm reden konnte.

„Was?“, fragte ihr Mann. Er lag auf dem Rücken und konnte seine Frau nicht sehen und ohne seine Hörgeräte auch nur schwer verstehen, was sie sagte.

„Ich dachte schon, du wärst tot!“, sagte seine Frau unter Tränen, diesmal etwas lauter. Doch er konnte sie noch immer nicht verstehen.

„Ich liebe dich!“, schrie sie und drückte sich das Taschentuch ans Gesicht.

„Oh, Dolly!“, sagte er zärtlich.

„Ich liebe dich! Und ich dachte schon, ich hätte dich verloren!“, rief sie.

„Oh, Dolly. Ich liebe dich auch!“, erwiderte er.

Voller Inbrunst erklärten sie einander ihre Liebe und nahmen die anderen Menschen überhaupt nicht wahr, die rings um sie herum mit Tränen in den Augen zusahen.

Der Mensch, den sie am meisten liebte, war wieder bei ihr. Der Mensch, den sie für tot gehalten hatte, war wieder in ihr Leben zurückgekehrt.

Stellen Sie sich diese Szene einmal vor: Der Mensch, den Sie am meisten lieben, wird für tot erklärt. Stunden verstreichen, vielleicht sogar Tage. Und dann spaziert diese Person plötzlich ins Zimmer, gesund und munter. Sie wären vollkommen euphorisch. Überglücklich. Voller Dankbarkeit. Menschen, die Sie nicht einmal kennen, würden Freudentränen mit Ihnen weinen.

Diese ergreifende Geschichte erinnert mich genauso wie Paulus' Tischlerwinkel an das wichtigste aller Gebote: Gott und unsere Mitmenschen zu lieben. Jesus trägt uns auf: *„‚Du sollst den Herrn, deinen Gott, lieben von ganzem Herzen, mit ganzer Hingabe, mit deinem ganzen Verstand und mit aller deiner Kraft!‘ An zweiter Stelle steht das Gebot: ‚Liebe deine Mitmenschen wie dich selbst!‘ Kein Gebot ist wichtiger als diese beiden“* (Markus 12,30-31; NGÜ).

DER RECHTMÄSSIGE EIGENTÜMER

Wir sind nun fast am Ende unseres Weges angelangt. Daher möchte ich unsere Erkenntnisse über Bäume an Paulus' Tischlerwinkel ausrichten. *Wie können Bäume uns dabei helfen, Gott zu lieben?*

Die Bibel stellt in Psalm 24,1 klar, wer der Eigentümer der Erde ist: *„Dem Herrn gehört die ganze Welt und alles, was auf ihr lebt."* Vielleicht weisen Akten beim Amtsgericht nach, dass wir einen Hektar oder mehrere Hektar Land besitzen. Doch im biblischen Sinne besitzen wir nichts. Alles, was wir Menschen meinen zu besitzen, gehört uns gar nicht – und das schließt jeden Baum auf der Erde mit ein. Jedes Blatt an einem Baum, Busch, Strauch und jede Rebe gehört Gott, dem Schöpfer. Wir sind bloß Gäste auf dieser Erde (siehe 3. Mose 25,23). Wir dürfen für etwa siebzig bis achtzig Jahre Gottes Pächter sein. Die Erde ist uns dafür nur geliehen. Unser Auftrag ist, sie an die nächsten Pächter – unsere Kindern und Enkel – in einem genauso guten, wenn nicht noch besseren Zustand, weiterzugeben.

INDEM WIR BÄUME PFLANZEN UND SIE PFLEGEN, DRÜCKEN WIR UNSERE LIEBE UND UNSEREN RESPEKT AUS VOR GOTT.

Einer der einfachsten und direktesten Wege, Gottes Erde in einem noch besseren Zustand an die nächste Generation weiterzureichen, ist, Bäume zu pflanzen. Indem wir Bäume pflanzen und sie pflegen, drücken wir unsere Liebe und unseren Respekt aus vor ihrem rechtmäßigen Eigentümer – Gott, dem Allmächtigen.

WIE SICH NÄCHSTENLIEBE ZEIGT

Die zweite Hälfte des höchsten Gebots ist die Nächstenliebe. *Wie können Bäume uns dabei helfen, unsere Mitmenschen zu lieben?*

Ein einfaches Beispiel: Eine Gemeinde oder eine Kooperation mehrerer Kirchen beschließt, gemeinsam mit den Anwohnern eines ärmeren Viertels Bäume in der Wohngegend zu pflanzen. Angenommen die Motivation hierfür entspricht dem zweiten Teil des höchsten Gebots: unsere Mitmenschen so zu lieben wie uns selbst. Wie drückt dieses Pflanzen von Bäumen nun dadurch Nächstenliebe aus? Beispielsweise so:

- Es werden die Energiekosten gesenkt,
- es wird die Wasserqualität verbessert,
- der Immobilienwert erhöht sich,
- die Kriminalitätsrate wird gesenkt,
- die Luft wird verbessert,
- Schatten wird gespendet
- und Schönheit wird geschaffen.

Was würde geschehen, wenn wir Obstbäume auf unbebauten Stadtflächen pflanzen würden oder Schatten spendende Bäume auf Spielplätzen? Oder wenn wir auf öffentlichen Plätzen oder auf unseren Gemeindegrundstücken mehr Bänke unter den Bäumen aufstellen würden, auf die sich jemand setzen und sich ausruhen kann? Es wären Zeichen praktisch gelebter Nächstenliebe und die Früchte unseres Handelns könnten selbst viele Generationen später noch geerntet werden.

DER OBSTGARTEN DES HIMMELS

In einer Radiosendung wurde ich einmal gefragt, was ich gerne hören würde, wenn ich in den Himmel komme. Ich musste keine Sekunde lang über diese Frage nachdenken. „Du bist drin!" – Das würde mir genügen.

Genau wie andere Christen frage auch ich mich, wie es im Himmel wohl sein wird. Auf der Erde richten wir unseren Lieblingssessel oder unsere Couch meist auf den Fernseher aus. Ich glauben, im Himmel ist Gottes Thron ausgerichtet auf Bäume.

> *„Nun zeigte mir der Engel den Fluss, in dem das Wasser des Lebens fließt. Er entspringt am Thron Gottes und des Lammes, und sein Wasser ist so klar wie Kristall. An beiden Ufern des Flusses, der neben der Hauptstraße der Stadt fließt, wachsen Bäume des Lebens. Sie tragen zwölfmal im Jahr Früchte, jeden Monat aufs Neue. Die Blätter dieser Bäume dienen den Völkern zur Heilung" (Offenbarung 22,1-2).*

Ich möchte in den Himmel kommen, um Gott zu sehen. Ich möchte die Jünger von Jesus kennenlernen. Und ich möchte von den Früchten des Himmels essen.

Ich wuchs auf einem Bauernhof auf, der von Pfirsich-, Birnen- und Apfelbäumen umgeben war. Doch der Baum mit den besten Früchten war am schwierigsten zu erreichen. Es war ein Apfelbaum, der am Rand eines Feldes neben dem Bauernhof stand. Direkt neben dem Baum befand sich ein großer Misthaufen. Auch Steine lagen dort und Dornbüsche wuchsen um den Baum herum.

Jesus beschrieb den Weg in den Himmel als einen schmalen Pfad, aber ich stelle ihn mir mehr wie den Weg zu jenem Apfelbaum vor. Am besten erreichte man seinen Stamm, indem man sich am Zaun neben dem Misthaufen festhielt und sich langsam daran entlanghangelte. Anschließend musste man noch über den Zaun steigen, ohne sich oben im Stacheldraht zu verheddern. Hatte man das alles geschafft, konnte man auf den Baum hochklettern. Es lohnte sich: Die Äpfel waren gelb und unbeschreiblich süß.

Vielleicht müssen wir uns an einem riesigen Misthaufen vorbei an einem Zaun entlanghangeln. Vielleicht müssen wir auch über spitzen Stacheldraht steigen oder uns durch Dornbüsche einen Weg bahnen. Fest steht: Wir müssen, um unser Ziel zu erreichen, durch eine Holztür in Form eines Kreuzes hindurchgehen, die mit dem Blut des Lammes durchtränkt ist. Dann werden wir im Obstgarten des Himmels ankommen.

EINE KLEINE NUSS

Ich bin wirklich stolz auf meine inzwischen erwachsenen Kinder. Doch früher hat mein Sohn Clark seine kleine Schwester Emma manchmal ganz schön geärgert. Ich erinnere mich noch, wie Emma einmal erfolglos versuchte, eine ihrer gebastelten Kreationen zusammenzubauen. Sie versuchte es immer wieder. Clark schaute ihr dabei zu und bemerkte ihren sich steigernden Frust.

„Emma, weißt du, was?", sagte er zu ihr.

Sie wandte sich um in der Hoffnung, dass ihr älterer Bruder ihr helfen würde. „Was denn, Clark?", fragte sie.

„Wenn alles schiefgeht und du dich klein fühlst, denk einfach daran: Selbst die größte Eiche war einmal eine kleine, dumme Nuss so wie du.“

BÄUME SIND DIE EINZIGEN DINGE AUS UNSERER KINDHEIT, DIE GRÖSSER SIND, WENN WIR SIE ALS ERWACHSENE NOCH EINMAL VON NEUEM BETRACHTEN. UNSER GLAUBE SOLLTE GENAUSO SEIN.

Auch wenn er seiner Schwester das Leben schwer machte, steckte in seinen Worten mehr als nur ein Fünkchen Wahrheit. Schließlich kann niemand einem Baum beim Wachsen zusehen. Es beginnt mit einem winzigen Samen oder einer Nuss, die auf den Boden fällt. Der Samen keimt auf und streckt sich der Sonne entgegen. Das kleine Pflänzchen muss Wind und Wetter trotzen, bis es schließlich zu einem Baum mit erhobener Krone emporwächst.

Bäume sind die einzigen Dinge aus unserer Kindheit, die größer sind, als wir sie in Erinnerung haben. Genauso sollte es auch mit unserem Glauben sein.

Wir sollen kein tapferer Krieger oder mutiger Löwe sein. Wir sollen wie ein fruchtbarer Baum sein. Wachsen, die Erde bereichern und Früchte tragen – das ist unser Auftrag.

EPILOG

DEN HIMMEL AUF DIE ERDE BRINGEN

„Dein Reich komme. Dein Wille geschehe,
wie im Himmel, so auch auf Erden.“
MATTHÄUS 6,10; SCHL

Eines Morgens im März 1867 lag der junge Mechaniker John unter einer großen Maschine und versuchte mit aller Kraft, den Keilriemen abzubekommen. Er war ein fleißiger Arbeiter, also bat er weder um Hilfe noch holte sich ein anderes Werkzeug, sondern benutzte das spitze Ende einer Feile, um den Riemen von der Maschine zu lösen. Er zerrte am Riemen. Dabei rutschte ihm die Feile ab und das spitze Ende vergrub sich tief in seinem Augapfel. Voller Entsetzen hielt er die Hand vor sein durchstoßenes Auge, während Flüssigkeit auf seine Handfläche tropfte. „Hilfe!“, schrie er. „Ich kann auf meinem rechten Auge nichts mehr sehen!“

Als ein Arzt ihn schließlich untersuchte, war John auf beiden Augen blind. Der Arzt verordnete ihm Bettruhe in einem abgedunkelten Raum. John befürchtete, dass er sein Augenlicht für immer verloren hatte und nie wieder Gottes

Schönheit würde bestaunen können. Wie verzweifelt muss er gewesen sein? Er versprach Gott, dass er sich fortan keinen industriellen Erfindungen mehr widmen wollte, sondern einzig den „Erfindungen Gottes" in der freien Natur, sollte er je sein Augenlicht wiedererlangen.

John war ein außergewöhnlicher Mann, nicht erst seit seiner Augenverletzung. Zuvor war er einmal gefragt worden, warum er seine Erfindungen nicht patentieren ließ. Er antwortete: „Ich denke, dass alle Verbesserungen und Erfindungen das Eigentum der Menschheit sein sollten. Kein Erfinder hat das Recht, aus einer Erfindung Profit zu schlagen, die er doch eigentlich gar nicht sich selbst zuzuschreiben hat. Jede gute Idee ist vom Allmächtigen inspiriert."

Wie durch ein Wunder erlangte John Muir nach einem Monat sein Augenlicht zurück. Er konnte auf beiden Augen wieder sehen. Sein Fazit: „Manchmal muss Gott uns fast umbringen, um uns eine Lektion zu erteilen." Getreu seines Versprechens, das er Gott gegeben hatte, kehrte Muir nie mehr in sein altes Leben und in den Fabrikalltag zurück – eine Entscheidung, die die Welt reicher machen sollte.

Muir war ein Mann tiefen Glaubens. Überall in der Natur sah er Gottes eindrucksvolles Handwerk. Seine Werke und seine Sprache waren durchdrungen von der Bibel. Kein Wunder, hatte er doch nach eigenen Angaben das gesamte Neue Testament auswendig gelernt.

Ein Vorfall, der Muirs tiefes Vertrauen in Gott verdeutlicht, ereignete sich zwei Jahre nach dem Amerikanischen Bürgerkrieg, als er durch den kriegsgebeutelten Süden des Landes reiste. Er wanderte tausend Meilen von Louisville in Kentucky bis zur Küste Floridas. Auf seiner Reise stahl ein Mann ihm seinen Rucksack mit allem, was er bei sich trug. Doch als der Dieb seine Beute untersuchte, fand er bloß einen Kamm, eine Bürste, ein Handtuch, Seife, Unterwäsche, eine Ausgabe von Robert Burns' Gedichten, John Miltons *Das verlorene Paradies* sowie eine Taschenausgabe des Neuen Testaments. Der Dieb gab Muir den Rucksack samt Inhalt wieder zurück.

Es ist kaum vorstellbar, den gesamten Südosten der Vereinigten Staaten mit so wenig Ausrüstung zu Fuß zu durchqueren. Muir führte weniger als ein Dutzend Dinge mit sich und eins davon war das Neue Testament. Muirs Gedanken fußten auf denen der Bibel.

Im Laufe der nächsten vierzig Jahre wurde aus Muir ein bedeutender Schriftsteller und Naturforscher. 1903 unternahm er zusammen mit Präsident Theodore Roosevelt einen Campingausflug ins Yosemite-Tal. Ihre Gespräche am Lagerfeuer markierten die Geburtsstunde der Nationalparks – nicht nur in den USA, sondern weltweit. Gott gebrauchte John Muir in besonderer Weise, um die Bäume und die Wildnis zu retten. Keine andere Person in der Geschichte hat sich wohl so für den Erhalt der Schöpfung eingesetzt wie er.

„Gott ist zwar unsichtbar, doch an seinen Werken, der Schöpfung, haben die Menschen seit jeher seine ewige Macht und göttliche Majestät sehen und erfahren können." Dieses Zitat über Gott und die Natur drückt aus, dass wir *„also keine Entschuldigung"* mehr dafür haben, Gottes Existenz zu leugnen. So sehr diese Zeilen auch nach Muirs Handschrift klingen, sie stammen nicht von ihm, sondern aus der Bibel (Römer 1,20) und sind Ausdruck des orthodoxen Denkens von Christen seit dem ersten Jahrhundert. Oder wie es der Kirchenvater Tertullian um 200 n. Chr. ausdrückte: „Die Natur ist eine Lehrerin, die Seele

ist ihr Schüler; was immer die eine gelehrt und der andere gelernt hat, kommt von Gott – dem Lehrer aller Lehrer."

DER HEILIGE FRANZISKUS UND SAN FRANCISCO

Vor zehn Jahren reiste ich nach San Francisco, um eine Auszeichnung des Sierra Club – der ältesten und größten Naturschutzorganisation der Vereinigten Staaten – entgegenzunehmen. Vorher besuchten Nancy und ich noch den Muir Woods Nationalpark, der oberhalb der Stadt liegt. Ich habe schon mehrfach von der Kanzel der National Cathedral in Washington predigen dürfen. Doch als wir in Muir Woods im Schatten der hoch aufragenden, ehrwürdigen Mammutbäume des sogenannten „Kathedralen-Hains" standen und vollkommene Stille uns umgab, predigte Gott zu uns.

Am nächsten Tag traf ich mich mit dem Vorstand des Sierra Clubs. Obwohl dort nicht alle meinen Glauben teilten, vereinte uns die Liebe zu Gottes Schöpfung. Sie hörten sich an, was ich zu sagen hatte, und ich beantwortete ihre Fragen, soweit es mir möglich war. Am Ende unseres Austauschs sagte ich: „Wie kann ich in der Stadt sein, die nach dem Schutzpatron der Schöpfung benannt ist, ohne sein Gebet zu sprechen? Ich lade diejenigen von Ihnen, die an Gott glauben, ein, mit mir zu beten, und diejenigen, die nicht an Gott glauben, lade ich ein, *für* mich zu beten."

Gemeinsam standen wir auf und beteten:
Herr, mach mich zu einem Werkzeug deines Friedens,
dass ich liebe, wo man hasst;
dass ich verzeihe, wo man beleidigt;
dass ich verbinde, wo Streit ist;
dass ich die Wahrheit sage, wo Irrtum ist;
dass ich Glauben bringe, wo Zweifel droht;
dass ich Hoffnung wecke, wo Verzweiflung quält;
dass ich Licht entzünde, wo Finsternis regiert;
dass ich Freude bringe, wo der Kummer wohnt.

Herr, lass mich trachten,
nicht dass ich getröstet werde, sondern dass ich tröste;
nicht dass ich verstanden werde, sondern dass ich verstehe;
nicht dass ich geliebt werde, sondern dass ich liebe.

Denn wer sich hingibt, der empfängt;
wer sich selbst vergisst, der findet;
wer verzeiht, dem wird verziehen;
und wer stirbt, der erwacht zum ewigen Leben.

EIN PERSÖNLICHES NACHWORT

Zwei Gründe haben mich dazu veranlasst, dieses Buch zu schreiben: Erstens soll es zum Gespräch anregen und zweitens soll es Menschen dazu bewegen, aktiv zu werden.

Zunächst zum ersten Grund: Es gibt Dutzende Bücher über Wälder und über ihre korrekte Bezeichnung, über die Genetik, Physiologie und das Ökosystem von Bäumen. Zahlreiche Bücher stellen in detaillierten, farbenfrohen Bildern die Schönheit von Bäumen dar. Doch nur die Bibel berichtet uns von Bäumen in Bezug auf Gott.

Gottes Auftrag an uns Menschen lautet, die Schöpfung zu bebauen und sie zu bewahren, sprich: Baumpflege zu betreiben. Wir sollten uns daher selbstkritisch hinterfragen, wie gut wir unsere Rolle als Gottes Verwalter erfüllen.

Es gibt zwei verschiedene Bäume des Lebens (hebräisch *etz chayim*): zum einen die biologischen Bäume, die Gott geschaffen hat, um die Lebewesen auf der Erde mit Sauerstoff zu versorgen, zum anderen die Bäume der biblischen Weisheit, die uns das ewige Leben geben. Daher sollten wir uns fragen: Nehmen wir uns der Bäume an? Kümmern wir uns um Gottes Wälder? Sind wir verantwortungsvolle oder -lose Verwalter? Genauso sollten wir fragen, wie gut wir Gottes Wort schützen. Haben wir die Bäume unserer Theologie „abgeholzt"?

Alle drei wesentlichen Eckpunkte des christlichen Glaubens sind mit einem Baum markiert: der Baum im Garten Eden, der Baum auf Golgatha und der Baum im Himmel. Wer diese Bäume missachtet, setzt die gute Nachricht von Jesus Christus aufs Spiel. Und wer diese verliert, der verliert Hoffnung.

Ich wünsche mir, dass Leser, die Jesus (noch) nicht kennen, durch dieses Buch ermutigt werden, ihn kennenzulernen. Lesen Sie die Bibel. Folgen Sie dem Pfad der Bäume. Und laden Sie Gott in Ihr Leben ein. Ein solches Gebet kann gut unter einem für Sie bedeutsamen Baum ausgesprochen werden.

Vielleicht haben Sie sich bewusst vom christlichen Glauben abgewandt. Vielleicht wurde Ihnen in der Schule oder im Studium ein falsches Bild vermittelt: von Wissenschaft und Religion, die sich gegenseitig ausschließen, von empirischem Wissen auf der einen Seite und gedankenlosem Glauben auf der anderen. Oder vielleicht haben Sie in Ihrem Umfeld schlechte Erfahrungen mit Christen gemacht – vielleicht hat ein Christ Ihnen auch aus reiner Unwissenheit erzählt, Gott schere sich nicht um die Schöpfung. Falls Sie solche Erfahrungen gemacht haben, möchte ich mich aufrichtig bei Ihnen entschuldigen. Doch deshalb muss man nicht alles ablehnen. Ich hatte einige schlechte Lehrer in der Schule, aber das heißt nicht, dass Bildung ebenfalls etwas Schlechtes ist. Ich lade Sie daher ein, Gott eine neue Chance zu geben.

Ich möchte Christen wie Nichtchristen gleichermaßen einladen, die Bibel im wahrsten Sinne des Wortes zu durchforsten und auf die Bäume zu achten, die darin enthalten sind. Achten Sie auf diese, werden Sie mit einem tieferen Verständnis für Gottes Botschaft und einem größeren Respekt für seine Schöpfung belohnt.

Der zweite Grund, der mich zum Schreiben dieses Buch veranlasst hat, ist, Menschen dazu anzuregen, selbst aktiv zu werden. Kürzlich war ich als Gastredner zu einem theologischen Seminar im Südosten der USA eingeladen. Dort sprach ich nicht nur im Gottesdienst und bei anderen Veranstaltungen, sondern durfte auch einen Vortrag zum Thema „Bäume und Bibel“ halten. Allerdings war mein Vortrag ein rein theologischer Diskurs und bot keinerlei Anwendungsmöglichkeiten. Hinterher kam ein Professor auf mich zu und fragte: „Aber was können wir *tun*?“

Die Statistiken darüber, wie viele Hektar Wald jedes Jahr weltweit abgeholzt werden, sind erschreckend. Doch Sie können etwas dagegen unternehmen. Wie Abraham können auch Sie Bäume pflanzen. Eine Liste mit Ideen finden Sie beispielsweise auf der Website *www.blessedearth.org*. Wenn Sie halbwegs Englisch können, schreiben Sie mir auch gerne ein paar Zeilen (*matthew@blessedearth.org*), um mir von Ihren Aktionen zu erzählen. Ich bin schon gespannt, was Ihnen einfällt.

Gemeinsam können wir Bäume pflanzen, die vom Leben erzählen und Glauben säen.

ANMERKUNGEN

1 „The World's 8 Richest Men Are Now as Wealthy as Half the World's Population", Forbes, 16. Januar 2017: *www.fortune.com/2017/01/16/world-richest-men-income-equality/.*

2 Doreen Ajiambo, „Witch Doctors Sacrificing Children in This Drought-Stricken African Country", USA Today, 15. Dezember 2019: *www.usatoday.com/story/news/world/2017/09/26/witch-doctors-sacrificing-children-drought-stricken-african-country-uganda/703756001/.*

3 Richard Grant, „Do Trees Talk to Each Other?", Smithsonian Magazine, März 2018: *www.smithsonianmag.com/science-nature/the-whispering-trees-180968084/.*

4 So steht es auf einer Plakette vor der Eiche der Kathedrale St. John in Lafayette, Louisiana.

5 New York City Environmental Protection, „Drinking Water": *www.nyc.gov/html/dep/html/drinking_water/index.shtml.*

6 National Park Service, „History and Culture", Rock Creek: *www.nps.gov/rocr/learn/historyculture/index.htm.*

7 „Fact Sheet: Natural History, Ecology, and History of Recovery", US Fish and Wildlife Service, Juni 2007, *www.fws.gov/midwest/eagle/recovery/biologue.html.*

8 Ed Yong, „2,000 Year Old ‚Phoenix' Seed Rises from the Ashes," National Geographic, 12. Juni 2008: *www.nationalgeographic.com/science/phenomena/2008/06/12/2000-year-old-phoenix-seed-rises-from-the-ashes/.*

9 Zi-Ann Lum, „One Man Single-Handedly Plants Forest Bigger Than Central Park", Huffington Post, 28. Oktober 2014: *www.huffingtonpost.ca/2014/10/28/jadav-payeng-forest-man-majuli_n_6026242.html.*

10 „The World Lost 40 Football Fields of Tropical Trees Every Minute in 2017", E360 Digest, Yale School of Forestry and Environmental Studies, 27. Juni 2018: *www.e360.yale.edu/digest/the-world-lost-40-football-fields-of-tropical-trees-every-minute-in-2017.*

11 Steve Bradt, „Figs Likely First Domesticated Crop", The Harvard Gazette, 8. Juni 2006: *www.news.harvard.edu/gazette/story/2006/06/figs-likely-first-domesticated-crop/.*

12 Tom Melham, John Muir's Wild America, Washington, DC: National Geographic Society, 1976, S. 40, 44.

13 Linnie Marsh Wolfe, Son of the Wilderness: The Life of John Muir, New York: Alfred A. Knopf, 1945; Madison: University of Wisconsin Press, 2003, S. 99.

14 Melham, John Muir's Wild America, S. 44.

15 Melham, John Muir's Wild America, S. 48-49.

16 Wolfe, Son of the Wilderness, S. 291-294.

17 Tertullian, zitiert nach: The World Treasury of Religious Quotations, hrsg. von Ralph L. Woods, New York: Garland Books, 1966, S. 675.

18 „Gebet des heiligen Franziskus", Wikipedia, *www.de.wikipedia.org/wiki/Gebet_des_heiligen_Franziskus*.

19 John J. Parsons, „Etz Chayim – Tree of Life", Hebrew for Christians: *www.hebrew4christians.com/Meditations/Etz_Chaim/etz_chaim.html*.

Für die Inhalte von den in diesem Buch abgedruckten Internetseiten sind ausschließlich die Betreiber der jeweiligen Internetseiten verantwortlich. Der Verlag und der Autor haben keinen Einfluss auf Gestaltung und Inhalte fremder Internetseiten. Verlag und Autor distanzieren sich daher von allen fremden Inhalten.
Alle Links zuletzt aufgerufen am 2. Juni 2020.

Bibliografische Informationen der Deutschen Nationalbibliothek
Die Deutsche Nationalbibliothek verzeichnet diese Publikation in der Deutschen Nationalbibliografie; detaillierte bibliografische Daten sind im Internet über http://dnb.d-nb.de abrufbar.

Die amerikanische Originalausgabe erschien unter dem Titel „Reforesting Faith“ bei Waterbrook, an imprint of the Crown Publishing Group, a division of Penguin Random House LLC, New York. This translation published by arrangement with Waterbrook, an imprint of the Crown Publishing Group, a division of Penguin Random House LLC, New York.

1. Auflage 2020
ISBN 978-3-96140-170-3

Umschlaggestaltung: Andreas Sonnhüter, grafikbuero-sonnhueter.de
Lektorat: Anne Fausak
Satz: Brendow PrintMedien, Moers
Druck und Verarbeitung: CPI books, Leck
Printed in Germany

www.brendow-verlag.de